重新发现中国　主编 | 贺雪峰　沈山

压舱石

面向未来的乡村建设

桂华 著

The Ballast Stone

Rural Construction
of Future China

GUANGXI NORMAL UNIVERSITY PRESS
广西师范大学出版社
·桂林·

YACANGSHI: MIANXIANG WEILAI DE XIANGCUN JIANSHE

图书在版编目（CIP）数据

压舱石：面向未来的乡村建设 / 桂华著. --桂林：广西师范大学出版社，2022.10

（重新发现中国 / 贺雪峰，沈山主编）

ISBN 978-7-5598-5383-7

Ⅰ. ①压… Ⅱ. ①桂… Ⅲ. ①农村－社会主义建设－中国－文集 Ⅳ. ①F320.3-53

中国版本图书馆CIP数据核字（2022）第168092号

广西师范大学出版社出版发行

（广西桂林市五里店路9号　邮政编码：541004）

网址：http://www.bbtpress.com

出版人：黄轩庄

全国新华书店经销

广西民族印刷包装集团有限公司印刷

（南宁市高新区高新三路1号　邮政编码：530007）

开本：889 mm×1 240 mm　1/32

印张：9.375　　字数：165千字

2022年10月第1版　　2022年10月第1次印刷

定价：45.00元

如发现印装质量问题，影响阅读，请与出版社发行部门联系调换。

目 录

序　言 / 1

第一部分　变动的城乡关系

城镇化之路 / 3

城乡结构转型 / 11

农民的城镇化 / 16

"剥夺型"城乡关系 / 21

内卷化的县城 / 25

农民工的返乡路 / 31

城镇化的弹性 / 42

乡村建设的定位 / 48

社会稳定的根基 / 55

第二部分　乡村振兴战略

国情农情与振兴乡村 / 65

乡村振兴的东中西差异 / 71

乡村建设的重点 / 76

减贫的中国经验 / 85

"内置金融"的功能 / 91

农村移风易俗 / 96

乡村儒学如何可为 / 101

城镇化与乡村振兴衔接 / 104

在发展中消除贫困 / 122

第三部分　农村土地制度

土地撂荒 / 141

压舱的基石 / 154

农村人地关系变化 / 160

土地"三权分置" / 166

放活土地经营权 / 176

国有农场的经验 / 186

农村宅基地退出问题 / 208

重建村社组织 / 211

第四部分 农业的前景

谁在种地 / 223

农民种地问题 / 229

农业的困境 / 234

菜农的类型 / 241

粮价与粮农 / 252

经营体系的演变 / 263

农业经营主体 / 268

农业产业结构调整 / 275

农业投资中的陷阱 / 281

后　记 / 286

序　言

2019年初，在解读当年中央一号文件时，时任农业农村部部长的韩长赋曾指出，国内外经济形势不确定性日益增加，"必须守住'三农'这个战略后院，发挥好压舱石和稳定器的作用"。"战略后院""压舱石""稳定器"，三个词精准而且生动地概括出农业、农村、农民在中国现代化大局中的战略意义。新冠肺炎疫情席卷全球，世界格局深刻重组，我国在实现第一个百年奋斗目标后，正迈步走向实现第二个百年奋斗目标的新征程，"三农"作为战略压舱石的重要意义更加凸显。

正是在这样的背景下，桂华出版了他的新著《压舱石：面向未来的乡村建设》。早在21世纪初，我们共同的博士生导师贺雪峰教授，就提出了"农村是中国现代化的稳定器与蓄水池"的著名论断。多年来，实践已经有力地证明，并将继续证明这一论断的科学性与预见性。同时，我们所在的研究团队，也在集体学术实践中持续深化和拓展对这一论断的认识与理解。桂华这本书，既是他近年来相关思考的集结，也是华中村治研究团队学术进展的呈现。

这本书对当前"三农"领域几乎所有的重大政策问题都

进行了严肃的讨论，其中不乏对若干颇有市场的政策观点的挑战，以及对某些政策实践的反思。对于乡村振兴，桂华强调要立足国情农情，紧紧抓住"两个大多数"，即大多数普通农民和占全国大多数的中西部农村，不能夸大更不能照搬极少数发达地区或有特殊资源禀赋的农村的经验。乡村振兴不应被简化为产业振兴，更重要的是实现组织振兴。对于农村土地制度改革，桂华提醒要以强化村社集体统筹能力为核心、以解决土地细碎化问题为切入点，使农村土地制度适应城镇化背景下乡村社会结构的新变化和农业生产的新要求，进一步释放农村土地集体所有制的制度活力，并以此作为再造村社集体、实现乡村组织振兴的突破口。对于城镇化，桂华就当前一些地区盲目推动的以房地产为核心的县域城镇化提出严肃批评，并分析了缺乏产业支撑的县域城镇化可能存在的风险，富有启发性地提出要适应中西部地区的县城发展方向，即把县城建设成为乡村地区公共服务供给的核心。尤其值得注意的是，桂华对城乡关系演变以及新型"城乡三元结构"的概括，应该说是敏锐地捕捉到了我国城乡关系的最新实践样态，为认识"城镇化"这个"大局"提供了有益启示。

有心的读者会注意到，本书中有相当多的文字来自作者的田野随笔，其所在的"重新发现中国"书系，也主要是华中村治学人学术随笔的集结。学术随笔，是华中村治学人的集体写作偏好，也是践行"田野的灵感、野性的思维、直白的文风"的有效方法。每到一处调研，时间或长或短，我们总会产生比较多的灵感，谓之"小点子"。在一个地方产生的"小点子"，又不完全来自当地的经验，更有过去所有田野地点经验积累的支撑。我们的体会是，用学术随笔来呈现这些"小点子"，比较方便，也比较好读，我们愿意用这种文本形式向读者呈现观点，以期引发更多的讨论，与更多的人一道发现"复杂中国"。

我与桂华是多年的学术伙伴，同属"华中乡土派"这个亲密的学术共同体。他在书中提到的有些田野调查，我也是同行人之一。这些年，我们与团队一道，始终不曾停下追踪中国发展轨迹的脚步，实践变化之快、之深刻，容不得坐在书斋里闭门造车，只有在热火朝天的田野现场，才能汲取到学术成长中最重要的营养。近年来，虽然我个人的研究重心逐步转向城市，但并未放弃对我具有学术启蒙意义的农村研究，桂华在书中的很多讨论，让我读来既感亲切又觉新意满满。亲切，主要是得益于学术共同体内部密切而热烈的讨论，使大家能够迅速共享发现；新意，不但表明桂华本人深耕经验基础上有许多独到见解，也表明整个团队的农村研究正在迅速推进。

这本书的副标题是"面向未来的乡村建设"，这里的"乡村建设"显然不是狭义的，而是乡村的全面发展，书中讨论的诸多重大涉农政策议题，事关乡村发展前途。而我们当前的决策与政策实践，很大程度上决定着乡村的未来。很多人有乡土情怀，同时也希望乡村变得更加美好。不过，单靠情怀和理想是远远不够的。建设乡村，需要认识乡村，理解农民，把握大局。农村是压舱石，农村是稳定器，农村更是农民的退路与保障。乡村建设要真正惠及农民，乡村发展要服务中国发展，就尤其要在这个大局的把握上保持清醒。

是为序。

王德福

2021年10月8日夜

于武汉大学碧玉楼

第一部分
变动的城乡关系

城镇化之路

城镇化是现代化的重要标志。当前，我国对世界经济增长的贡献率超过30%，快速推进的城镇化进程，不仅改变了国内经济社会结构，而且影响着世界经济增速。推进新型城镇化，目标是让更多人分享现代化建设成果，促进城乡融合发展。中国特色新型城镇化，一头连着城市高质量发展，一头连着乡村振兴，需结合城乡关系来理解我国城镇化问题。

一、城乡关系转型与我国城镇化的推进

中华人民共和国成立以来，我国社会主义现代化建设取得了巨大成就，城镇化水平逐步提高。尤其是改革开放之后，我国城镇化率以每年超过1%的速度增长。我国城镇化经历了从改革开放前的缓慢发展到改革开放后快速发展的阶段性变化。党的十八大报告提出"四化同步"的发展要求；党的十八届三中全会提出"要坚持走中国特色新型城镇化道路"；2013年召开的中央城镇化工作会议明确"走中国特色、科学发展的新型城镇化道路"。党的十八大以来，我国城镇化步入"以人的城镇化为核心"的新阶段。城镇化的阶段性变化，反映了不同时期

国家发展的战略定位调整,以及不同时期的城乡关系变化。

改革开放之前,我国城镇化发展缓慢。中华人民共和国成立后,为实现工业化目标,我国建立了二元化的城乡制度体系,形成"以农带工、以乡补城"局面。改革开放之后,城镇化进入快速发展阶段。在改革开放的40多年来,我国城镇化率提高了40%左右。20世纪80年代初期,通过家庭联产承包责任制改革,农业劳动力被释放出来,农民开始在农业之外寻求就业。一直到20世纪90年代初期,乡镇企业蓬勃发展,大量的农民"离土不离乡",乡镇企业发展促进小城镇发展,乡村工业化成为这一时期农民城镇化的主要动力。2001年我国正式加入世界贸易组织,开始深度参与全球产业分工。我国出口加工业的快速发展,促进农民向东部沿海工业集聚地区流动,出现了大量农民工,2018年全国农民工数量超过2.88亿人。20世纪90年代末开始的高等教育扩招政策进一步加快了城镇化进程。过去20年我国高等教育升学率大幅提升,每年有数百万的大学毕业生留在城市就业生活,成为新兴市民。

总的来看,改革开放后的高速城镇化主要靠农民工拉动。但是以农民工为主体的城镇化,存在着数量增长快于质量提高的问题,表现在户籍城镇化率与常住人口城镇化率的差距上。2018年我国户籍城镇化率为43.37%,低于常住人口城镇化率16.21%。城镇化不仅包含人在地理空间上的转移和就业方式的改变,还包含了生活方式、思想观念和社会保障体系纳入等方面的改变。针对前一阶段城镇化存在的问题,中央提出了新型城镇化目标。《国家新型城镇化规划(2014—2020年)》指出，"紧紧围绕全面提高城镇化质量，加快转变城镇化发展方式，以人的城镇化为核心，有序推进农业转移人口市民化"。户籍城镇化率与常住人口城镇化率的差距缩小是新型城镇化的基本标志。

二、"保护型"城乡二元结构有效避免了城镇化中的贫民窟问题

改革开放以来，我国一直在中国特色的城镇化道路上不断前进，高速城镇化受益于三方面因素。一是经济持续增长。工业化与经济增长是城镇化的动力之源。从1978年至2017年，我国GDP增长33.5倍，年均增长9.5%，经济增长增加了第二、三产业就业机会，城市容量增加。二是城乡统一的劳动力市场逐步健全。改革开放以后通过户籍制度、人口管理制度、劳动就业制度等改革，我国建立了人口自由流动制度和劳动者自由择业体系，同工同酬，全国统一的劳动力市场逐步形成，同时政府十分重视加强农民工权益保障制度建设。三是城乡关系转变。

中华人民共和国成立后，我国实行农村支持城市的发展战略，在改革开放之后，城乡二元体制逐步向城乡一体化方向迈进。过去几十年中，我国经历了全世界最大规模的农村人口流动，却未出现发展中国家在城镇化过程中普遍存在的贫民窟问题，这与中国特色的"保护型"城乡关系有关。所谓"保护型"城乡关系，是指在坚持市场在资源配置中基础地位的同时，通过特殊的政策设置来保护乡村、支持乡村，避免乡村被

掏空，避免农民权益被剥夺。以农业为例，随着城镇化推进与农村人口转移，传统一家一户小规模分散经营形态的负面后果越来越突出。在此背景下，国家出台政策推动土地流转和农业经营体系创新。在工商资本参与农业发展的过程中，政府一直坚持鼓励工商资本发展产前产后环节，避免进入产中环节。这一政策思路隐含的目标是将产中种植环节留给农民，避免工商资本排斥农民。

"保护型"城乡关系还体现在国家对农村的政策倾斜上。党的十六大确定以工补农、以城带乡以及统筹城乡发展的新型城乡关系；2006年全面消除农业税，公共财政和公共服务向农村倾斜覆盖；党的十七届三中全会提出城乡一体化发展目标；党的十八大后推进精准扶贫工作；党的十九大提出乡村振兴战略，推动乡村优先发展。政府限制工商资本下乡，以及国家在"三农"政策上做出优先安排，目的是通过政策手段消除市场的负面效应，促进城乡均衡发展。

在推进城镇化过程中，国家并未忽视乡村发展和乡村建设，乡村构成我国发展的稳定大后方。"保护型"城乡关系下的中国城镇化，既不同于计划经济体制下的城乡分割，也不同于其他发展中国家被资本主导的城市化方式。在"保护型"城乡关系下，农民向城市自由流动，同时将乡村当作退路，形成中国独特的农民进城模式。[1] "保护型"城乡关系下的城镇化模

---

[1] 王德福：《弹性城市化与接力式进城——理解中国特色城市化模式及其社会机制的一个视角》，《社会科学》2017年第3期。

式,具有以下两方面优势。

一是提高农民的进城能力。改革开放之后,农民是城镇化的主力军。以长三角和珠三角为代表的东部沿海地区率先走向工业化。这些地区的农民自20世纪80年代开始就逐步脱离农业生产,随着产业发展和土地开发,这些地区受城市辐射,乡村被城市覆盖,农民变成市民,较早完成身份转换。广大中西部地区的农民进城依托家庭分工与家庭积累。中西部地区青壮年劳动力外出务工,形成老年人留守务农、年轻人务工的家庭分工模式。依靠"半工半耕"获得务工和务农两份收入,农民便可积累较多资源并投入到子女教育和城镇购房上,通过家庭合力来实现城镇化。[1]农民在参与城镇化的过程中,没有丧失土地这一生产资料,将农业剩余留在农村,体现了中国制度优势。

二是降低社会风险。其他发展中国家在城镇化过程中,农业人口大量涌入城市,资本下乡使土地集中,所以当进城人口在城市无法获得稳定收入时,就会产生贫民窟问题。中国不存在城市贫民窟,原因是在"保护型"城乡二元结构下,农民可进可退:当农民有机会进城买房定居时,他们选择进城;当农民没有能力在城市维持稳定的生活时,他们有条件返回乡村。农民在乡村拥有住房和土地,不会出现流离失所的情况,我国城镇化的风险因此大幅降低。

---

[1] 夏柱智、贺雪峰:《半工半耕与中国渐进城镇化模式》,《中国社会科学》2017年第12期。

三、推进中国特色新型城镇化需做好配套工作

目前我国处于城镇化新阶段,推进新型城镇化,需重点做好"有序推进农业转移人口市民化"工作。围绕这一点,《国家新型城镇化规划(2014—2020年)》在"推进符合条件农业转移人口落户城镇""推进农业转移人口享有城镇基本公共服务""建立健全农业转移人口市民化推进机制"等方面,提出若干政策要求。推进新型城镇化,需要做好如下工作。

一是做好产业布局。工业化是城镇化的基础,我国所取得的巨大的城镇化成就,离不开改革开放之前建立的健全工业体系,以及改革开放之后我国成功融入全球产业体系。中国成为"世界工厂",加工制造业为农民工提供大量的就业岗位。当前我国面临产业升级压力,需要改变在全球产业分工中的位置,朝着高端制造业奋进。站在新型城镇化的角度看,推动产业升级,需要处理好产业升级与低端制造业的关系。当前阶段,相对低端的加工制造业依然是农民工就业的主要领域之一,因此不宜将产业升级与低端制造业对立起来。坚持"三轮驱动"的中国现代化路径,不要急于消灭小农经济,而要继续发展加工制造业,同时加快科技进步与产业升级。[1]在目前的政策实践中,尤其要避免一些地区基层政府采取的环保督察"一刀切"式的做法对中小企业造成的损害。

---

1 贺雪峰:《论"三轮驱动"的中国现代化道路》,《华中科技大学学报(社会科学版)》2014年第3期。

二是提升县域治理能力。目前，我国东部沿海地区的农民已经基本完成了向市民身份的转换，均等化的城乡公共服务体系基本建立，而广大中西部地区存在第一代农民工返乡与第二代农民工城市融入的问题。第一代农民工属于"60后""70后"，他们从20世纪90年代到2000年前后外出务工。这批农民工中的少数佼佼者获得稳定职业，在城市买房定居，实现身份转换。而绝大部分人没有能力进城定居，其中有一些已经返回乡村，还有一些预期过几年再返回乡村。由"80后""90后"组成的第二代农民工与第一代农民工存在差异，这些年轻农民工没有农业生产经历，他们将进城定居作为生活目标。鉴于大中城市的高房价和生活成本压力，大部分第二代农民工选择家乡的县城作为城镇化目的地。很多中西部地区村庄中有三分之一甚至一半以上的家庭，近几年在当地县城购买了商品房，县城成为农民城镇化的主战场。但县域城镇化的尴尬之处在于，县城工业化不足，就业机会有限，同时又脱离农业生产，进城定居的农民可能会面临低收入和高生活成本的挤压。随着大量农民到县城买房，未来大部分中西部地区的县城人口规模，将从目前的几万人扩大到十几万人，甚至更多。全县一半的人口从乡村进入县城，这将改变中国基层社会结构。县域城镇化会带来县域治理压力。提升县域治理，既要做好公共服务供给，也要防止县城房地产泡沫，避免县城变"鬼城"。

三是有序推进乡村振兴。城镇化导致农业人口减少，从而致使乡村的空心化甚至乡村的衰败。推进中国特色新型城镇化，需处理好与乡村振兴的关系。大量人口集聚在乡村，则现代化没有出路；城乡差距过度拉大，则不符合城乡融合发展定位。处理好二者关系的关键是准确把握乡村振兴战略定位。实施乡村振兴的目的是逐步消除城乡差距，但是必须明确一点，消除城乡差距的根本出路不在于放缓城镇化步伐和城市发展速度，而在于继续发展。在"保护型"城乡关系下，城市继续快速发展，经济继续保持增长，国家财力将不断增强，国家对乡村的转移支付力度越大，城市带动乡村的能力越强。推进乡村振兴，长期来看是要实现城乡均等化，短期来看则是要通过乡村"底线建设"，发挥好乡村在中国现代化事业中的稳定器与蓄水池功能。

四是科学制定"三农"政策。目前我国经济增长放缓，发展面临的外部压力增大，城镇化风险也同步提高。数以亿计的农村人口流入城市，各种不可预期的风险因素在增加。当前各项农村改革正在推进，站在新型城镇化有序推进的角度看，科学制定"三农"政策需重点把握两块：一是农村土地制度改革要坚持公有制底线，严禁工商资本下乡圈地；二是坚持不排斥小农经济的中国特色农业现代化道路，将土地向务农主体配置，让农民成为农业现代化主体，在农业政策方面探索出小农户与现代农业有机衔接的机制。

2019年11月

城乡结构转型

一、我国城市化的阶段

诺贝尔经济学奖得主斯蒂格利茨曾说,中国的城市化是影响全球的重大事件之一。目前,我国推行新型城镇化,重点推进城市常住人口落户。取消或降低大城市落户门槛,通过户籍政策和公共服务手段引导农村人口向三四线城市转移,会改变城乡关系。

现代城乡关系一般通过三种方式调节。一是行政控制,例如改革开放前的城乡关系服从计划经济体制;二是市场手段,即用市场配置要素;三是政策调节,即用社会政策干预城乡关系。

改革开放前,城乡关系属于"剥夺型"。全国人民集中力量搞社会主义建设,农业支持工业,农村支持城市。

改革开放后,我国逐步建立起"保护型"城乡关系。在这一时期,社会主义市场经济体制逐步建立,市场在要素配置中开始发挥越来越大的作用。农民作为劳动力在城乡之间流动,既破解农村农业过密化难题,也为城市第二、三产业提供充裕、优质的劳动力,使得城市和乡村都得到发展。与此同时,城乡关系并未完全按照市场方式运行。农民在市场中处于弱势，农业在产业分工中处于低端，因此国家对农村采取保护型政策，加大对农村的资源转移支付，限制资本下乡。国家在初次分配环节将农业剩余留在农村，再通过二次分配手段向农村输送资源，缓解城乡发展不平衡。

依靠市场手段与政策调节的"保护型"城乡关系，既让农民享受市场的好处，又避免其被市场吞噬。

二、城市化转型

发展中国家在追求城市化的过程中，常常会出现"人口进城、资本下乡"问题，大量人口被赶出乡村，集聚城市，产生贫民窟，造成社会震荡。由于我国建立起"保护型"城乡关系，城市化风险被乡村消除。

当前，城市化发生转型。在之前的城乡关系中，农民进城务工，其中少部分人进城定居，绝大部分人的预期目标是返回乡村。农民进城务工提升了农民家庭收入，推动了乡村发展。而现在，农民进城务工的目的是进城安居。农村人口从"离土离乡"进入到从乡村"拔根"阶段。

但是进城是需要成本的。农民既没有能力在一二线城市买房，也没有能力在沿海务工地买房，这使得绝大部分农民选择返回家乡县市购房。从劳动力进城务工到大量农村人口进城定居，中国的城市化更加深化，这推动了社会结构的变化。

问题在于，三四线城市的城市化与工业化发生了脱节。在去产能、环保督察等政策下，一些高污染、高能耗企业发展受限，三四线城市甚至出现了"去工业化"趋势，与此同时，受政策引导，三四线城市的人口集聚速度又远远超过当地工业化速度。

大量农村人口进入三四线城市后，出现了两个后果。

一是就业难题。因为三四线城市缺乏足够的就业机会，农村人口在进城之后，要么在本地就业，工资较低，收入不稳定，跌入"低收入陷阱"，要么到沿海城市打工，导致新型留守家庭的出现。

二是生活压力。三四线城市在就业机会和工资水平上比不过一二线城市和沿海城市，但是在消费支出上却并不低。农村人口从乡村大量转移到三四线城市，消费支出提高了，收入却可能不增反减，家庭生活压力增大。

三四线城市的扩张缺乏工业化基础，农村人口大量涌入，使得在乡村与一二线城市之间，以及中西部地区与沿海地区之间，形成了一个"非工非农"的结构。之前由"生产性乡村"与"生产性城市"组成城乡二元结构，现在改由"空心化农村"、"消费性三四线城市"与"一二线和沿海地区生产性城市"组成三元社会结构。

三、挑战

在"保护型"城乡关系下，农民自由进城，同时保留返乡权利，这种富有弹性的城乡关系可消除社会风险。城乡二元结构被三元结构替代之后,风险将会提高,具体表现在三方面。

一是城乡调节机制失效。此前,城市与乡村属于两套系统。虽然在城市消费高,但收入也高,农民在城市务工获得较高收入后,可以返回乡村消费,实现"低消费,高福利"。如今,农村人口进入三四线城市生活,乡村作为退路的功能正在弱化。而一旦离开乡村这一"冗余",城市积累的风险将缺乏消化途径。

二是社会流动渠道变窄。城市化存在梯度,人口流动造成社会分层:能够进入一二线城市的是农村中的优势人口;相对优势的进入地级市;一般农民拼尽全家之力进入县城;最弱势的农民留在乡村。我国发展的不均衡不止在城乡之间,在一二线城市与三四线城市之间,以及东部沿海地区与中西部地区之间,更形成了高度的社会分化。

三是"伪中产"群体出现。一二线城市抢人才,三四线城市抢人口。三四线城市依然依赖土地财政,因此不少地区的地方政府鼓励农民进城,以增加人口,活跃房市,通过维持房价高位,来缓解地方财政压力。在缺乏稳定就业机会的情况下,农村人口进入三四线城市,消费是市民水平,收入是农民水平,变成了"伪中产"阶层。农民和真正的城市中产阶层是社会稳定力量,而"伪中产"缺乏安全基础,存在不稳定的隐患。

按照社会结构理论,橄榄型的社会结构最稳定。问题在于,我国目前这种城乡三元结构的中间部分,不是由职业稳定的中产阶层,而是由"伪中产"人群组成。脱离土地和缺乏稳定的农村人口，大量集聚在三四线城市的狭小空间中，这样的橄榄型社会结构缺乏稳定。

政府推动农村人口进城落户，加速了城乡三元结构的形成。中国社会结构正在发生巨变，国家要做好战略应对。

2019年12月

农民的城镇化

调研组在安徽省繁昌县进行调研时发现,农村开始出现60岁左右的中老年人不种地的现象。繁昌县靠近长三角,非农产业发达,60岁左右的人容易实现非正规就业,务工收入比务农的高,中老年人自然不种地。繁昌县10多年前推行土地规模流转,大户流转土地一两千亩[1],连年亏损,纷纷退出,中老年农民也不愿意种地,于是当地土地向有一两百亩的专业种植户集中,自发形成适度规模经营。

与繁昌相似,漯河地区也出现中老年人不种地的现象。繁昌为丘陵山区,种植水稻;漯河为平原地形,种植小麦玉米。繁昌地区中老年人不种地,除了与非农就业机会多有关,还与水稻种植辛苦有关。小麦玉米等旱作物种植简单,机械化率高,田间管理要求不高,劳动力投入少。华北平原种植小麦玉米,基本实现全程机械化,社会化服务发达,农民种地轻松。近几年,漯河地区也开始大规模流转土地,有些是全村流转。当地土地流转价格为每亩800元左右,农民自己种地,两季纯收益1000元,不如出租土地来得轻松。

---

[1] "亩"为中国农村传统的土地面积单位,1亩约为0.067公顷。

北方地区农民对土地依赖程度高。前几年我们调查时还看到，豫东地区外出务工的农民每年夏季收麦时节还要从外地赶回家乡。如今，农民纷纷选择流转土地。

以前我们判断北方地区不容易出现大规模土地流转的情况，认为其原因是当地农村60岁左右的中老年人构成了农业劳动力。农民外出打工到55岁以后，一般不容易再在城市找到工作，他们退回农村，从事农业劳动正当其时。如今，60岁左右的中老年人开始不种地，说明农民家庭分工模式有了新的变化，这与当前的城镇化形态有关。

2000年之前，农民外出务工才刚开始，总体规模不大，农业是农民家庭收入的主要来源，少量人通过升学、招工或是参军走出农村。2000年之后，农民外出务工规模逐渐扩大，农业收入在农民家庭收入中的占比越来越小，越来越多农民退出农业生产，举家外出务工也更普遍。2010年之后，不仅外出务工的农民增多，而且越来越多的农民开始在城市、县城和乡镇买房定居，相当一部分农民彻底脱离乡村。

2010年之前，农民外出务工，家庭再生产在乡村完成，一般是青壮年劳动力在城市务工获得更高收入，妇女或是老人在家从事农业生产活动。家庭有务工、务农两份收入，日常开支后剩下的积累，用于建房和给儿子娶媳妇等大宗支出。农民维持"半工半耕"家计模式，抚育子女和养老在农村完成，他们外出务工目标指向农村，为的是更加体面地在农村生活。

最近几年，农民城镇化从"半工半耕"阶段进入到"半城半乡"阶段，即农民进城不仅是为了通过务工获得更高收入，还开始越来越多地是为了在城市买房,并定居城市。农民一般到东南沿海地区打工,但由于沿海地区房价高,很多农民选择在家乡县城或是地级市购买房屋。过去10年间,中西部地区县城房地产市场持续火爆,返乡置业成为农民越来越普遍的选择。我们在距离漯河市高铁站15公里左右的莲花镇调查发现,当地一些村庄的农民购房比例为50%左右。近年来,当地青年被人介绍婚姻时,女方向男方提出的首要条件普遍为已在县城或市区购房。

从"半工半耕"到"半城半乡"表明农民参与城镇化的程度在加深。2010年之前,农民外出务工,当中少部分从事经营活动的有条件在城市定居落户。当前,进城买房定居逐渐成为不可逆的趋势。一方面是婚姻带动买房,不在市区或县城买房的农民,缔结婚姻的难度越来越大。另一方面是农民子女教育问题。过去10年间,乡村教育迅速溃败,例如师资流失、中小学私立教育兴起等等,导致越来越多的农民选择将子女送到县城接受教育。在漯河地区调查发现,留在当地乡村小学接受义务教育的学生家庭多处于村庄下层。弱质的乡村教育,降低了这些孩子的成才几率,加剧了乡村分化。

城镇化对农民生活的影响逐渐加深,最先改变的,是农民的家庭收入结构。20世纪八九十年代,农村家庭矛盾频发,多集中于分家养老问题。当时农民窝在土地上,人多地少,收入低,生活困难,争吵常见。2010年以后,农民家庭矛盾越来越少,根源是农民开始外出务工,收入来源一多,土地就变得不重要了。

随着城镇化推进，其从原来仅改变农民家庭收入结构，到逐渐改变农民的生活方式、行为逻辑与价值观念。2010年之前参与城镇化的主力是"60后""70后"，他们自20世纪90年代开始务工，挣钱攒钱，回农村盖房，成家立业。到了2010年之后，这批人的子女逐渐达到婚嫁年龄，他们中的一些人开始给子女在县市买房子，推动农村风气转变。"60后""70后"是推动乡村变迁的一代人。

改革开放以来短短40多年，社会变化之迅速，在每一代人身上都留下印迹。"60后"在20世纪90年代外出打工，他们是乡村中最早出去的一批人，如今年近花甲，子女多数已经结婚。这批人中的一部分回到乡村从事农业生产，一部分仍在工地从事建筑工作。

第二批"70后"中很多人自初高中毕业就一直外出务工，不少人从来没有过完整的农业生产经历。与"60后"相比，这批人返乡不是自然而然的，他们中的很多人有能力在城市买房就尽量买房，有条件不返乡就尽量不返乡。"70后"如今面临子女结婚压力，当中条件较好的主动给子女买房买车，带动整体社会风气的变化。

"80后""90后"相比之前的"60后""70后"，不仅没有农业生产经历，还缺乏对乡村的想象，他们认为在城市生活是理所当然的。

在快速变化的时代，社会变迁体现为代际分化。2010年之前，城乡整体还处于分割状态，农民与城镇的联系主要通过劳动力市场建立起来，是经济层面上的联系。2010年之后，城乡之间的联系越来越紧密,除家庭收入之外,农民的消费习惯、教育、婚姻等也都深受城镇化影响,家庭再生产融入城镇化过程。城镇化越来成为客观的社会事实,个体农民抗拒不了这股潮流。

需要注意的一点是,对于"80后""90后"来说,受收入水平限制,他们的城镇化主要是在县城和市区完成。广大中西部地区县市工业化程度不高,农民进城后缺乏稳定的工作机会,因此他们买房之后依然需要到东部沿海地区务工。县城具有消费性和公共服务性,但生产性不足,农民的县域城镇化一方面让农民脱离农业和农村,另一方面又无法为其提供就业机会。关于这些进城农民是如何生活的,需要进行更深入的调查研究。

2019年6月

"剥夺型"城乡关系

国家为了推进城镇化、拉动经济增长,以及地方政府为了增加财政收入,在2010年之后,我国中西部地区出现了快速的县域城镇化。一个介于大中城市与乡村的第三空间正在形成。

中西部的县域城镇化由三重因素推动。

一是城镇化的拉力。城市公共服务健全,消费方便,经济发达,代表着"美好生活",对一些农民有吸引力。乡村的一部分经济精英,如乡村教师、公务员、乡村小老板,自发到城镇买房定居。

二是城镇化的推力。农民进城的标志是买房,城镇化的重点因此变成了卖房。一些地区通过学校撤并、学区房划分等方式,推动农民进城买房,以此推高地价从而获得财政收入。

三是城镇化的压力。随着越来越多的农民到县城买房,农民的生活预期发生了变化,城市替代了乡村,成为农民的目的地。城镇化由此进入农民不得不进城买房的阶段。

自2015年之后,很多中西部地区农村出现了必须进城买房才能结婚的风气。买房才能谈到女朋友,买房才能帮儿子结婚,农民于是举债进城。

县域城镇化由此改变了城乡关系。

20世纪八九十年代，农民到沿海地区打工，挣钱攒钱寄回老家，乡村是目的，城市是手段。短期的辛苦服务于长期的乡村生活价值。这一时期，农民能忍受城市的脏累苦，是因为有乡村作为盼头。这一阶段，农民外出的目的是为了更好地返乡。城市资源通过农民工带回乡村，东部地区发展成果通过农民工流动辐射到中西部地区。

自2010年之后，农民被卷入县域城镇化中。一方面，乡村存在城镇化的自发动力，如农民在沿海地区打工多年可以积累下来一笔资金。另一方面，地方政府在有意推动。一些地区地方政府将教育等公共服务作为推动农民进城的手段。在引导农民买房方面，地方政府与开发商的逻辑一致。

城镇化是现代化的必由阶段，地方政府的积极政策极大地加速了这一过程。一些农民还没有准备好，却又不得不进城，因此出现了"被动城镇化"。

进入县域城镇化阶段之后，城乡关系由过去的二元性，走向了一体化。

过去，农民的生活目的在乡村，挣钱手段在城市；收入在城市，消费在乡村；近期工作在城市，远期打算在乡村。农民以"打工者"的身份，往返于城乡之间，运气好的进城定居，运气不好的返回乡村熟人社会。城市是机会，乡村是退路。

随着国家农业税费的取消以及惠农政策的实施，尽管乡村经济发展水平比城市低，但是由于国家禁止资本下乡，放开农民进城就业，形成了城市对农民开放、乡村对资本封闭、国家通过转移支付手段补贴乡村的"保护型"城乡结构。

在二元性下，城市与乡村在统计上是一个标准，在生活上是两套体系。作为机会的城市与作为退路的乡村，构成了整个社会结构。

进入县域城镇化阶段之后，城乡由二元走向一体。但是，城乡经济差异客观存在。农民被卷入县域城镇化，他们进县城买房之后，就业机会不会增多，收入不会提高，支出却大幅度增加。

中西部地区的县域城镇化由于缺乏工业化支撑，本质是依附性的——农民买房的首付是打工积攒的，首付之后的房贷依然要靠外出务工偿还。

县域城镇化相当于在东部地区与中西部地区之间，以及大中城市与乡村之间，制造了一个"非工非农"的社会空间。

站在城乡关系的角度看，县域城镇化不仅打破了之前的"保护型"城乡结构，也打破了"城市反哺乡村"的体系，形成了新的城乡关系，表现为五个方面。

一是资源抽取。县城房价以及日常消费消耗农民的储蓄，城市抽取乡村资源。

二是价值剥夺。城市是"美好生活"之地，空心化的乡村成为贫困的、老年人留守的地方，乡村空心化，乡村价值也空心化。

三是社会分层。城镇化具有梯度，与社会分化契合，并构成社会分化的手段，县城在整个城市体系中处于末端，农民进入县城后被卷入新的社会分化体系中。

四是人口再生产。大量人口聚集在县城，劳动力再生产成本提高，养老难度加大，婚姻、生育成本也提高，乡村所支撑的低成本的劳动力再生产优势丧失。

五是治理风险。县域就业不足、社会陌生化等问题提高了社会治理风险。县域城镇化所带来的橄榄型结构不是理想的社会结构。

2021年1月

内卷化的县城

国家推进新型城镇化战略，目的是通过消除差异化政策，为农民创造进城过上美好生活的机会。而一些地方政府将原本是"以人为核心"的新型城镇化，变成"以吸纳人口"为目标。地方政府与开发商逻辑一致地诱导农民进城，以推高县城房价来获得财政收入，最典型的做法是将进城买房与县城优质公立义务教育捆绑，农民因此不得不进城买房。

城镇化是一个自发过程，农民虽然有进城的意愿，但地方政府通过政策手段，将农民被动地卷入到城镇化潮流中，极大地加速了这个过程，进而改变了城镇化的自发性。受收入限制，农民几乎不可能到北京、上海等一线城市安家，也很少到省会或者其他地级市买房安家。县城成了农民进城的主要空间。

被地方政策加速的县域城镇化潮流，对基层社会结构和农民的生活产生了巨大的影响。先来看两个案例。

第一个是晋南某县。我们调查的晋南某县是山西农业强县，当地农民种植水果，一年产量可供全国人均消耗4斤[1]。该县农民自20世纪90年代开始种水果，与其他中西部地区相比，由

1　1斤为0.5千克。

于产业结构调整早，该县农民较早致富。他们在2010年之后开始大规模在县城买房，一些村庄的农民购房率超过60%，并且很多农民选择一次性付清房款。农民买房主要是为子代结婚，于是在当地形成了老年人在村庄种水果、年轻人在县城居住的生活模式。

麻烦出在农民进城之后。

由于农业产业结构调整较早，当地农民没有外出务工的习惯。我们调查的某个村，自2018年之后，才零星出现10多个已婚中青年人外出务工的情况。最近几年，北方很多地区的水果种植规模扩大，导致水果效益下降，该县农民面临着转型问题。由于早期没有外出务工的经历，当地农民除了种植水果没有其他手艺，社会资本也积累不足，40岁以上的中年农民只好继续种水果。

难就难在那些靠父母买房帮助结婚并且已经在县城生活的年轻人。与其他中西部县城一样，这个晋南县城的企业很少，就业机会不多，生活标准却不低。那些在县城生活的二三十岁的小夫妻，试图在本地就业，年轻女性一般是到商场、餐馆上班，一个月工资两千多，年轻男性一般是开出租、送外卖。县城机会少，劳动力多，因此工资越竞争越低。

在县城过上体面的生活不容易，已经进城的年轻人有三种选择。

第一种是外出务工。这表明县域城镇化并不能解决乡村留守问题，进城并不意味着过上完整的家庭生活。

第二种是本地就业、创业。开门店？开餐馆？能够成功的并不多。不少年轻人拿着父母的储蓄折腾一番，钱没赚到，反而负债。因此，县城的门店往往是一年换一个主人，年关四处贴着门店转让的广告。

第三种是啃老。一些年轻人无法在本地就业，又不愿意外出务工，只好靠着父母的资助。以前的农村父母要帮儿子建房子娶媳妇，今天不仅要帮儿子买房子，还要负责孙辈的支出，资助儿子婚后的生活。在调查中看到，一些农村家庭的老人没有支持儿子的经济能力，年轻人在县城过不上体面的生活，出现了小两口吵架离婚的现象。

中西部地区与东部沿海地区不同。后者的县域工业化先于城镇化，农民进城是由城市就业拉动的，农民通过积累资金、提升人力资本，实现身份转型。前者的县域是依附性的，县域城镇化由政策拉动，工业化滞后于人口转移，因此出现了社会竞争加剧、家庭关系紧张、借款消费等现象，即内卷化。

第二个是皖南某县。该县经济水平在安徽属于佼佼者，城镇化率也很高。当地一个村2010年通过政府"增减挂钩"完成了整村搬迁，农民到乡镇集中上楼。该乡镇有200家企业，主要是服装加工和铸造业。这些10年前就已经到乡镇生活的农民，又逐渐开始向县城迁移，其主要动力是为了子女教育——当地实施学区划分，优质的教育资源集中在县城，而县城公立教育需要房产证与户口本"双证"。尽管如此，很多当地农民并不喜欢县城的生活，他们直言，等到孩子考上大学，会返回乡村生活。

很多人说城市是"美好生活"之地，农民却不这么认为。

农民拼命进城的目的是为了提升子女的教育环境,而他们竭尽全力去提升子女教育环境,恰恰是为了让子女通过教育离开县城。也就是说,今天的年轻一代不再将乡村当作目的,同样也没有将县城当作归宿。从这一点来看,县域城镇化就面临着何去何从的问题。

皖南这个乡镇的企业在2010年之前最为红火。目前当地经济出现衰退的趋势,企业订单不好拿,人工成本也在上升。或者说,正是因为人工成本上升,才造成服装厂、铸造厂的订单不好拿。仅从这个乡镇的情况来看,当地存在着"去工业化"趋势:一方面是环保政策从严,另一方面是县域城镇化带来了劳动力再生产成本的提高。两项叠加,加速了工厂订单的流失。

中西部县域城镇化带来的直接影响是,受进城后生活成本和劳动力再生产成本的限制,农民不可能接受较低的工资。这就是说,当中西部地区年轻劳动力大规模进入县城之后,低端产业会向中西部转移,该地区的人工成本与企业在东部沿海地区所面临的人工成本是一样的。县域城镇化提高了劳动力再生产成本,相对于东部沿海地区,中西部地区并无吸纳产业的人工优势。

这样一来,中西部地区就出现人口城镇化挤压工业化的困境。

早期东部沿海地区走的是一条利用劳动力低成本优势,先工业化后城镇化的道路。今天的中西部地区面临人工成本高、工业化优势弱化的状况。中西部地区的县域城镇化如果没有产业支持，就很难再像东部沿海地区那样，走出一条工业化推动城镇化、城镇化推动市民化的道路。

没有产业支持的县域城镇化，带来若干值得关注的问题。

一是县城治理问题。乡村是熟人社会，县城是陌生人社会，人口聚集在县城，社会治理难度提高。

二是社会结构问题。没有职业支持的农民，进入县城之后，变成消费不低、收入不高的"伪中产"。庞大的县域人口改变了城乡稳定结构。

三是社会内卷化问题。县域内的教育竞争、就业竞争、创业竞争加大，以及由此引发的家庭内部压力增大，对代际关系、夫妻关系、养老、生育等都有影响。受生活成本以及社会流动空间限制，未来县城的生育率很可能不仅低于乡村，甚至还会低于大中城市，出现"低生育陷阱"。

四是社会流动空间压缩。由于县城收入不高、消费不低，进城农民的大量资源被用于日常消费，储蓄率下降，未来发展能力不足。

城镇化是现代化的必由之路，需要注意的是，地方政府要避免陷入开发商的逻辑，避免盯着房价地价。从满足人民对美好生活的向往的角度看，县城房价越是不高，农民的生活就越有质量，社会就越有活力。地方政府应当起到的作用是，对追求效率最大化的市场因素做一个"反向运动"，提供"公平"的正义。具体是指，中西部地区的基层政府应当聚焦于公共服务的有效供给。中西部地区的发展很大程度上依靠国家财政转移支付，并且国家也对中西部地区投入了大量的财政转移。中西部地区地方政府应当关心如何将国家财政转移用好,提高基本公共服务供给效率,尤其要避免将基本公共服务变成拉动农民进城和刺激消费的手段。对此,党的十九届五中全会通过的关于"十四五"规划和2035年远景目标的建议提到了这一点,要求"强化县城综合服务能力,把乡镇建成服务农民的区域中心"。

中西部地区或许很难重走东部沿海地区的城镇化之路,所以,其县域发展应当定位于公共服务的有效供给,将县域建成乡村的核心,将围绕基本公共服务有效供给的县乡村建成中国现代化的大后方。

2021年1月

农民工的返乡路

关于农民工，社会上流行着一种观点，认为他们"在城市待不下来，农村又回不去"，若不妥善解决其出路，农民工将成为重大社会问题。对农民工去处的判断，决定新型城镇化战略如何落实，以及相关政策如何制定。

一、农民工的进城与返乡选择

先来看一个安徽农民工的真实故事。2015年12月，我们组织到上海市调研，期间结识了一位外地农民工。这位农民工36岁，姓汪，是安徽六安人。汪师傅的一大家人几乎都在外务工，他亲属几代人在城乡流动中的处境和选择很有代表性。

汪师傅本人1999年高中未毕业时便到上海务工，一直到现在。2015年上半年汪师傅务工所在的企业搬迁到江苏省，但由于妻子、岳父等人都在上海，汪师傅没有跟随企业迁走。离开企业之后，汪师傅利用自己的一辆价值几万元的江淮牌私家车在嘉定区某镇上"跑黑车"，每天能挣到200多元。汪师傅的妻子在厂里上班，每天工作12个小时，每个月休息2天，一个月工资约4000元。汪师傅的妻子也是安徽六安人，目前妻子父母一家居住在同一个镇上。

汪师傅的岳父母属于第一代农民工。1991年江淮流域发生洪涝灾害，他们农村的房子被冲毁，汪师傅的岳父带着妻儿来到上海。汪师傅的岳父55岁，现在做搬运工作，每个月3000元工资。由于渐感体力不支，岳父准备返回已经离开了24年的淮南市寿县老家村庄。在这之前，岳父母两人在上海务工，将三个儿女抚养成人。汪师傅的妻子在姐弟三人中排行老大，10多年前与汪师傅结婚。大妻弟1987年出生，2012年在上海务工地结婚，大弟媳是安徽人；二妻弟1988年出生，毕业于安徽理工大学，之前在南京工作，有了孩子之后，二妻弟一家也搬到上海父母身边。为了两个儿子结婚成家，汪师傅的岳父母一共花费60多万元。两位老人大半辈子的打工积蓄都给了儿子们，如今为了返乡，准备在老家建房，预计花费10多万元，由两个儿子出资。

汪师傅总结了农民工在城市的工作特点："企业招车间流水线工人，一般要求18到35岁，35岁以上的动作跟不上，45岁以上的多数是从事重体力劳动，如装卸工。建筑工地上都是50岁以上的，搞建筑又脏又累，年轻人不愿意干。"在上海待了20多年，汪师傅的岳父最近几年一直在考虑去处：是跟着孩子留在上海，还是让孩子跟着自己？经过一番踌躇，他最终选择返回农村老家，并且已经备好在农村建房的原材料。1991年与汪师傅的岳父母同一批到上海打工的同村老乡有10多户，如今已经有5户返回了农村并在老家建房。汪师傅的岳父母及其他10多户作为第一代农民工，通过打工完成下一代供养任务之后，陆陆续续地返回农村。其实，不仅第一代农民工面临着返乡选择，汪师傅这样三四十岁年龄段的农民工也在考虑未来出路问题。汪师傅认为自己可能在上海再待不了几年，因为他儿子即将上初中，面临上学压力。汪师傅计划让妻子带着儿子返回老家，自己再努力挣钱辛苦几年。汪师傅2015年从打工积蓄中拿出15万元给父亲在农村老家建房子，夫妻俩还商量是否在六安市区按揭贷款买一套房，准备以后"回市里做点生意"。

比汪师傅更年轻的那些农民工也面临着选择。汪师傅的大妻弟在厂里上班，一个月挣4500元，大弟媳与同乡人合伙开服装店，每月有近万元收入。大妻弟夫妻自己的积累加上父母在结婚时给的一笔彩礼费、买房费，可以支付在打工所在的镇上买房的首付（当地商品房价格大约为每平方米1万元）。尽管收入较高，但是大妻弟一直没有下决心在上海买房，理由是："上海市容不下外地'80后'，一是房价高，二是就业不稳定。如果企业被市场淘汰了，你个人就要破产，没有技术特长的农民工换了企业就要从头做起。"大多数作为一线工人的农民工在城市就业市场中替代性很强，这造成他们对城市生活的不稳定预期。

汪师傅一家的例子并不特殊，我们在调查中还采访到其他农民工，这些案例清晰显示出农民工群体相似的进城轨道：20多岁的年轻农民工通常具有强烈的融入城市的动力和憧憬；三四十岁的中青年农民工开始将打工积蓄投入在老家农村建房、买房并谋划着返乡创业；五六十岁的中老年农民工主动退出城市并逐步返乡。社会上流行的"农民工回不去农村"的观点，是站在少数进城成功者的角度看的。成功进城的人已经获得机会更多和条件更好的城市生活，他们当然不可能回到相对衰败的农村。但是对于大部分奋斗之后却无法进城定居的农民工而言，与落入城市底层相比，返回农村是不坏的选择。社会大众通常只看到农民为获得更好生活的进城意愿，却忽视农民进城不成功后的返乡选择。

二、回得去也是一种选择

农民工回得去农村有多方面原因。从个体的生活预期方面看，尽管城市相对于农村具有更多的经济机会与更好的公共服务供给，且变成城市中产阶层固然值得期待，但是进城不成功之后返回农村并非不能接受。调查中发现，不仅建筑行业等一些"脏活累活"主要是外地农民工干，而且在同工厂中的外地农民工的加班时间也多于本地人，原因是外地农民工有更强的挣钱意愿。很多本地人认为到企业上班能拿到上海最低工资标准的每月2020元即可，其上班主要目的是缴纳养老保险金，等着达到年龄领退休金。他们在观察了外地农民工后说："外地人的工资都是加班加出来的，他们一天工作12个小时，星期天也加班，外地人来打工就是为了赚钱，他们拼命干活，攒钱拿回去老家。"与前面例子中的汪师傅及其岳父母一样，农民工进城之初就将城市定位为务工就业场所，他们主动选择加班加点，从事重体力劳动，目的就是将城市务工收入反馈到农村老家。农民工在城市拼搏努力的主要目标不是成为城市的中产阶层，而是改善原来的生活。建房娶媳、抚养下一代才是大部分农民工奋斗的动力之源。站在农民工的角度看，城市并不是非留不可的地方，农村也不是必定不能回去的地方。

通常是刚刚初高中毕业的、最年轻的农民工，在城市打工时过得最潇洒。这些一二十岁的农民工多是从事工厂车间流水线工作，他们刚从农村进入城市，被灯红酒绿的生活吸引，对城市充满想象，将工资收入基本用于买衣服、手机等日常消费。通常所讲的"新生代农民工"就是指这些人，社会上焦虑的"农民工回不去农村"也主要是针对他们。

以这些刚步入社会的年轻农民工的进城意愿为依据，而得出"农民工回不去农村"的结论，并不科学，因为这些年轻农民工的生活观念与生活方式常常会在婚后迅速发生变化。由于生活压力，产生了责任感的年轻农民工在城市打工的目的从挣钱消费娱乐变成挣钱养家。为了增加收入，之前不愿意从事的重体力劳动也变得可以接受，之前不愿加班的人也开始主动加班。年轻农民工在婚后会变得理性，尽管他们对城市生活还有一些憧憬，但主要是从现实条件方面考虑未来选择。他们中的极少数从打工升级为在城市开店做生意，创业成功的少部分会选择在城市买房子定居，大部分到了30多岁之后，随着下一代成长，开始考虑未来的农村生活。普遍的情况是将孩子交给农村的父母照看，或者是夫妻中的一方带着孩子回老家农村。农民工真正下决心返乡要等到四五十岁之后。当在城市就业丧失体力优势，并且下一代到了结婚年龄时，老一代便将多年的积蓄投资到下一代身上，之后还会带着孙代返回农村。返乡同时也是劳动力再生产与农民工在城市的代际更替。

在农民工看来，城市的"好"并不是市民才有能力享受，农村也并非像市民所想象的那样差。由于工作性质和工资收入水平限制，除少数在城市创业成功者，大部分农民工很难在城市维持体面生活，这既不是农民工个人的缘故，甚至主要也不是城乡体制的缘故，而是由我国在全球产业分工体系中的位置决定。以低端加工制造业为主的产业结构使绝大部分农民工注定不能成为体面的城市中产阶层。受此限制，在实现产业成功升级转型之前，我国将继续维持这种向所有人开放机会，最终却只可能有少数人成功进城的城市化模式。我国城市化的核心机制是，或许只有一分的成功进城几率却激发了进城者十分的努力，农民工的拼搏努力支撑起我国加工制造业为主体的经济活力，另外还有广阔的农村天地为最终无法进城的农民工提供退路。

除主体意愿方面的原因，农民工回得去农村还有客观条件支持。首先是家庭在农民工城乡流动中的作用。绝大部分农民工家庭是部分成员在本地或者外地务工就业，形成"半工半耕"这一普遍的农村家庭经济形态。像上文所举例子中汪师傅的岳父母举家外出的情况比较少见，大部分家庭是老人在家务农而年轻子代外出务工，或者是妻子在家务农而丈夫外出务工。实际上，早几年由于在上海还未站稳脚跟，汪师傅的岳父母曾经将三个孩子放在老家由爷爷奶奶照看。如果不以核心家庭为统计单位，农民举家外出所占比例会更小。由在城市务工不占优势的老年人或者妇女留守农村并照顾下一代，既降低城市生活消费支出，也使得家庭获得在农村的务农收入。当前农民家庭收入中务农收入与务工收入各占一半左右，"半工半耕"的家庭经济结构反映了农民对家庭劳动力的理性安排。

在"半工半耕"的基础上，形成了我国代际接力的进城方式，以及自由往返的城乡流动形态。农民工在城市就业显示出明显的年龄梯度特点，年龄越大，越不具备在车间流水线工作的优势。除了少数技术工之外，大部分人在40岁以后在就业方面逐渐向建筑一类重体力行业转移，并于五六十岁退出城市就业市场。随着上一代农民工返回农村，他们的子代替代其父母一代开始在城市就业。五六十岁的农民工返回农村可以从事农业生产活动。随着农业机械化水平提升，农业生产中的重体力劳动环节大大减少，他们可以轻松地耕种自家土地，还可以捡种举家外出的邻居或亲戚的土地，如果再从事一些副业，不仅能够维持自己生活，还能有一部分结余。这些返乡农民工既可照顾父母，也可照顾孙子孙女，重新形成"半工半耕"的家庭结构。

正因为有了"半工半耕"中农村"半耕"的支持，进城的青年人和中年人不仅可以安心务工，还可以减少消费支出，将城市打工收入积攒下来。这部分积蓄被投入到建房娶媳等大宗支出上，可以改变农民生活条件。少部分家庭两代人齐心协力，或许还可以在城市买房而成功进城。农民工以代际接力的方式在城乡之间流动，这一代不能留在城市，就将机会留给下一代，再不行，至少还可以回到农村。"半工半耕"提供农民工多次往返城乡的机会，条件允许便留在城市，条件不允许则退回农村。因为有了农村退路，农民才不会陷入进城失败后的悲惨处境。

三、将选择的权利交给农民工自己

农民工成为中国社会结构中最让人关注的一个群体。改革开放以来，我国能够取得巨大建设成就的关键是经济长期高速增长而社会保持稳定。当前社会上逐渐开始流行一种观点，将农民工看作"新工人"。从就业上看，农民工的确是工人，而在身份意识上，他们却从来没有将自己看作是阶级意义上的工人。我们在调查中看到，尽管农民工外出务工时的居住生活条件不高，但他们的精神面貌却无一丝颓废，反而充满生活动力。正如上文所举汪师傅的岳父母的例子，哪怕在过去20多年中他们只短暂地回去过老家几次，甚至房屋在1991年已经彻底毁掉，但是到了一定时候，他们依然能够心安理得地顺利返回农村。农民工中真正值得关注的一个群体，是那些处在适婚年龄却由于各种原因没有结婚的"光棍农民工"，这部分人到了30多岁以后丧失了在婚姻市场的优势。与其他农民工节约的生活方式完全不同，他们在城市打工时挣一分钱花一分钱，其原因是不能结婚成家而丧失了生活动力。这个群体在未来可能会成为社会问题。

改善农民工在城市的生活条件，以及在制度上增加农民工成功进城的机会，是我国未来城镇化政策的题中应有之义。不能忽视的一点是，当前我国加工产业的人工成本优势已经基本丧失，出口增速放缓，一些传统出口加工企业开始外流。在此背景下，"分蛋糕"式的提高农民工工资待遇的制度调整空间有限，指望仅通过制度调整让农民工留在城市的思路也无操作性。现有的农民工在城乡之间自由往返的城市化模式，恰恰构成应对我国经济结构调整过程中可能出现的震荡的弹性机制。城镇化是发展趋势，农民进城也是发展趋势，但皆不可强行推进。

基于对农民进城路径的不同判断会做出不同的城镇化决策。一种是将农民工不可能回到农村作为政策设计的起点。持这种观点的人，通常主张"拔根"的农民进城方式，认为以农村土地为主要对象的农民财产权利被保护的力度不够大，造成农民不能在市场上转让房屋、土地等财产对象，既降低农民进城意愿，也使其丧失进城资金。由此引出的政策主张是，扩大农民在土地等方面的财产权，允许农民转让房屋、耕地使用权等以获得进城"第一桶金"。这种政策主张鼓励农民将作为底线保障的房屋、耕地使用权变现，实质上是切断农民进城失败的退路。农民工之所以在离开农村20多年以后还能够返回农村，是因为有我国集体土地所有制度所发挥的社会保障功能作为依托。鼓励农民用房屋、土地换取进城机会，是在将农民净身推向市场，风险极大。

如果说中国人特有的家庭观念与乡土观念提供了农民工在城市积极奋斗的价值支撑，赋予了农民工的短期城市生活以长期人生目标意义的话，现行的农村土地制度则提供了农民工自由往返的城市化模式的制度支持。离开集体土地制度，就不存在"半工半耕"的家庭经济结构，以当前的工资标准，仅靠务工不可能支撑起农民工全家老小在城市的幸福生活。离开"半工半耕"的微观经济方式支撑，农民工代际接力的进城模式将会瓦解，农民工自由往返的城市化模式所包含的降低中国城镇化战略风险的弹性机制也将丧失。农民进城不可逆，则城镇化风险积累不可逆。

另外一种城镇化思路是发挥农村作为城镇化进程中的退路功能。这种思路主张将主要资源继续投向城市建设和产业发展，因为经济继续发展是让更多人享受城市生活的基础，农民工问题根本上需通过经济发展解决，"将蛋糕做大"才是出路所在。与此同时，该思路还主张要投入部分资源用于农村建设。当前进行农村建设的工作要定位于为农民工提供返乡退路，而非城市居民消费乡愁的去路，亦非城市过剩资本投资保值的去处。因此，一方面要坚持现行土地制度，节制资本下乡，警惕资本下乡与农民争夺有限经济机会和利益的做法；另一方面，要适度投入公共资源用于改善农村秩序。对于后一方面，需要强调的一点是，农村相对于城市的衰败是任何一个国家在走向发达阶段之前都无法跨越的阶段性规律，在城镇化推进过程中我国大部分农村的相对衰败势必加剧。农村要为未来几十年内不能进城和进城失败的农民提供生活空间，这种意义上的农村建设重点是改善农村基本生产生活条件，是"底线建设"。不必指望农村会建设得与城市一样好，甚至更好。在发展中国家,倡导农村建设得比城市还好,农民生活得比市民还好,违背了世界城市化的规律,此类具有后现代理念的乡村建设服务的是城市居民而非农民,因此也是需要警惕的。

2016年10月

城镇化的弹性

一、城乡的"非正规经济"

几年前,我们到东部某市开展基层治理方面的调研,当地出现农民上访要求政府解决工作的问题。一位分管农村工作的副镇长告诉我们,她日常工作中最难处理的就是解决农民针对就业问题的上访。

引发当地农民针对就业问题上访的重要原因是,在文明城市创建、产业结构调整等政策思路的主导下,当地政府出台土地、工商、环保、治安、农业等方面的组合政策,对城乡"非正规经济"进行运动式整治。如对环保不达标、产能落后的小企业实施土地腾退政策,对小摊小贩进行规范化管理,对外来人口进行严格控制,扶持新型农业经营主体,等等。

从作为治理者的政府的角度看,"非正规经济"通常具有产值低、税收低、能耗高、排污和安全生产监管难等问题,甚至会出现其为政府带来的税收效益低于政府为其支付的治理成本的现象。经过多年的粗放管理,承担社会治理任务的地方政府也有积极性淘汰这些"非正规经济"。

从社会角度看,"非正规经济"作为社会的润滑剂又很难被彻底消除。比如，在外地农民工聚集的城乡接合部，通常会自发出现为他们提供服务的小餐馆、小旅店、小卖部等配套经营场所。这些经营主体通常不到工商部门登记，缺乏合法经营资质，所提供的产品和服务质量也很难得到保障。但是这些"非正规经济"活动在每次政府突击检查处理之后，又很快出现，根本原因是它们符合农民工的需求。大多数农民工外出务工，预期将来返回家乡，他们工作在城市，目标指向农村，打工就是为了尽可能地攒钱。一方面是加班加点地工作，一方面是减少日常开支。这些"非正规经济"不仅给外地农民工提供了方便，而且符合他们低成本生活开支的定位。"非正规经济"活动反映了我国社会阶层结构，与低收入群体、外地农民工等联系在一起。

随着"非正规经济"逐步被政府整治，低收入群体和农民工赖以生存的基础被打破。消灭"非正规经济"活动的政策背后，是政府推动城市更新的目标。我们调查的东部某市，近年来将减少外来人口、降低社会治理成本当作政府工作的主要目标，并将相关任务层层下达到基层政府，纳入行政考核内容，通常在产业结构调整的名义下完成。消灭"非正规经济"在流动人口的管理方面发挥了一定的作用：一旦低端高能耗的小企业被关停，那些缺乏技术的外地农民工找不到工作，就会自动离开；整治小商店、小餐馆，严格外来人口暂居管理，生活成本提高后自然挤出外地农民工。

消灭"非正规经济"也波及本地人，因为本地也存在"低就业需求人口"。大城市周边生活着大量本地农民，他们与外地农民一样，主要依赖"非正规经济"就业。五六十岁的本地农民通常到一些管理不规范的小厂里工作，或者到企业当保安、小区当门卫等。我们在调查中看到的本地农民针对就业问题上访的情况，就是与当地推行的一系列消灭"非正规经济"政策有关。外地农民可以返回家乡，或者到其他地区务工，本地农民没有替代的就业机会，只好找到政府上访，要求解决问题。

国家统计局发布的农民工监测调查报告显示，绝大部分农民工没有签订劳动合同，反映出农民工多以非正规方式就业的现状。这与我国整体产业结构形态有关。我国以出口加工产业为支撑，企业从事订单加工，固定的劳动合同关系与订单不稳定的企业生产形态不匹配。总体上说，我国暂时还没有发展到在雇工过程中全部建立稳定的劳动合同关系的阶段，因此"非正规经济"在我国经济生活中仍然占有重要位置。必须思考的一个问题是，维持"非正规经济"与我国当前产业结构调整、供给侧改革等，是否必然不能兼容。以农民工为主的低端劳动力依然是我国劳动力构成中最重要的一块，消灭"非正规经济"之后，这些低端劳动力如何就业，也是对"调结构"的一个重要考验。

需要辩证看待"非正规经济"的另外一个原因是，"非正规经济"能够为我国带来社会弹性。

农村的做法与近年来东部城市率先以城市更新、产业升级等名义消灭"非正规经济"相似。典型的是农村土地政策，社会大众和一些地方政府认为一家一户的小农经营不够正规，因此要推动农业经营向正规化、规模化、机械化方向转变，推动土地从农民手中向工商资本大户手中流转。这种政策思路会起到排斥农民的作用，助推资本对农村劳动力的替代。

城乡"非正规经济"如果都被消灭，数亿农民工的就业和生存空间将被挤压，建立在"非正规经济"基础上的弹性社会结构将被破坏。转型过程的各类矛盾若丧失缓冲地带，社会风险将增加。如同我们在调查中看到的，那些在城市无法就业又在农村丧失土地的农民，会变成访民。在当前产业结构调整、城市更新、农业现代化等政策背景下，要辩证地看待各类大量存在的城乡"非正规经济"，其中关键一点是，要认识并珍惜"非正规经济"所具备的社会效益。

二、巩固"三农"压舱功能

针对我国经济下行压力加大、外部环境变化等复杂形势，2019年中央一号文件明确当前阶段"三农"工作的基本宗旨，提出要发挥"三农"压舱石作用，为可能出现的挑战提供有效应对。

经过不断深化改革，目前我国在城乡之间已经建立了要素自由流动制度，农民自由进城务工，同时有条件返回乡村。农民"出得去"又"回得来"，是中国保持又好又快发展势头的奥秘。当前继续发挥"三农"的压舱功能，做好相关政策设计是关键，具体要注意以下几点。

一是围绕乡村振兴战略来部署"三农"工作。乡村振兴战略是"三农"工作的总抓手,在落实过程中需要区分发展战略与实施策略。乡村振兴战略是要通过农村农业优先发展政策,来破解乡村发展不充分和城乡发展不平衡的矛盾。乡村发展不充分实质上是我国经济社会发展不充分的体现。解决乡村发展不充分问题,归根结底,需要继续推进整个经济社会建设。

二是结合乡村振兴战略开展乡村建设工作。战略决定策略,目前部分地区基层政府在开展乡村振兴工作时,存在将战略与策略相混淆的现象。譬如,将乡村振兴这些长期性的战略工作,当作短期典型工作来抓,集中财政资金打造少数不可复制的"产业振兴"或是"生态振兴"亮点,将战略工作变成了形象工程。整体上看,发展乡村旅游、推进一二三产业融合,只可能在有限的地区成功,因此要避免"一窝蜂"上马这类项目,以防出现烂尾。

三是关键政策改革需稳妥推进。其中,最关键的是农村经营制度改革和土地制度改革。目前,人多地少依然是我国农村基本格局,农业政策除了要解决粮食安全和食品安全问题外,还要解决农民就业问题。"三农"问题本质是农民问题,中国特色的农业现代化一定是兼顾农民问题的农业现代化。推进农业经营体系创新,需坚持农民主体地位,发挥集体统筹经营功能。

最紧要的是土地制度改革,农村承包地制度改革的基本方向应定位于解决土地细碎和地权细碎问题,让农民种地更方便。经营权抵押等金融创新政策的成效,还需要经过更多的实践来检验。包括农村宅基地、集体经营性建设用地和征地制度等在内的建设用地制度改革,需要坚持的关键点是,土地是财富分配的工具,离开劳动投入,土地不能凭空产生财富。占全国农村绝大多数的一般农业型地区的宅基地和其他建设用地并不包含巨大的财富,不能指望通过土地制度创新来让农民凭空致富。劳动才能致富,鼓励食利不利于社会发展。

我国当前阶段应继续坚持城市发展、乡村稳定的战略布局,发挥农村作为中国现代化稳定器与蓄水池的战略定位。应以乡村稳定来维持整个社会稳定,以弹性的城乡格局来释放社会风险,坚持稳健的"三农"政策,为中国现代化构筑腾挪空间。

2019年2月

乡村建设的定位
——读《大国之基》

在现代化推进的过程中,乡村何去何从,是必须要回答的理论命题。早在2003年,贺雪峰教授就提出了"乡村是中国现代化的稳定器与蓄水池"的战略构想。一直以来,贺雪峰教授主张将乡村建设成为中国现代化的稳固大后方。《大国之基》一书聚焦于乡村振兴战略与策略诸问题,从五个层次展开他关于我国现代化实践路径的思考。书中的讨论,对于协同推进新型城镇化和振兴乡村,具有重大的现实意义。

一、厘清乡村振兴起点

现代化建设一头连着乡村,一头连着城市,正确处理城乡关系是关键。改革开放以来,我国经济社会建设取得巨大成就,其中的奥秘之一是,我国建立起具有弹性且开放的城乡关系。改革开放后,随着商品经济扩大和社会主义市场经济发展,市场在城乡要素配置中发挥越来越大的作用。实施家庭联产承包责任制之后,农民从土地上释放出来,进入城镇务工,推动工业化和城镇化快速发展。在日渐成熟的全国统一劳动力市场中，城市对农村开放，不仅有数以亿计的农民自由进城就业，而且随着"以人为核心"的新型城镇化政策推进实施，越来越多农民通过进城定居分享现代化成果。他们是城市的建设者，也是城镇化的受益者。

继续推进城镇化是未来发展的基本方向。在打破城乡体制分割，实现城市向乡村开放的同时，我国逐步建立起"保护型"城乡关系。一方面，国家每年向农村转移万亿财政资金，实现"以工补农、以城带乡"。另一方面，政府对于资本下乡采取了限制性政策，要求工商资本只能进入农业的产前产后环节，避免下乡资本与农民争地争利。

中国以14亿人口的体量追求现代化，既具备巨大的规模优势，也蕴含若干风险。"保护型"城乡关系，既释放城镇化和工业化活力，又坚持农村作为农民退路的功能，城市与乡村构成我国现代化建设的"一动一静"两极，为实现又快又好发展奠定基础。正如《大国之基》所指出的，"正是有了农村这个所有中国农民都有的退路，中国才形成了一个与全世界任何国家都不同的全国劳动力市场，也才创造了在快速发展中仍能保持政治稳定和社会秩序的奇迹"（第67页）。未来的乡村建设要继续服务于现代化大局，通过乡村振兴来巩固"三农"的压舱石功能。

二、探讨乡村振兴方向

党的十九大提出乡村振兴战略作为新时代"三农"工作总抓手，并确定振兴乡村的二十字总要求。实施乡村振兴，目标是通过农村农业优先政策来促进城乡融合发展，逐步消除农村发展不充分和城乡发展不平衡的矛盾。在现代化加速阶段，乡村总体上落后于城市。随着一个国家地区从农业社会向工业、后工业社会转变，城乡会再次融合。振兴乡村需经过较长时间的奋斗。

实施乡村振兴，需要回答"为了谁"和"依靠谁"的问题。《大国之基》区分了四种形态的乡村振兴，分别是"三产融合"的乡村建设、政府打造示范点的乡村建设、满足城市中产阶层乡愁的乡村建设和为大多数农民进行保底的乡村建设。贺雪峰教授认为，中国的现代化和城市化还需要一个较长的发展阶段，在此期间，乡村建设的核心目标是"保住农民进行农业生产和农村生活的底线……在现阶段，只有为占农民绝大多数人口的普通农民进行的乡村建设才是正义的"（第98—99页）。

三、辨析乡村振兴的土地制度基础

土地制度是最基础性的国家制度。乡村与城市的差别之一在于土地制度的不同。农村土地属于集体所有，城市土地属于国家所有。经济发展推动土地升值，土地增值收益如何分配，成为土地制度改革的焦点问题。

城镇建设在空间中以平面方式推进，城市扩张带动对农村土地的征收。基于对土地公有制的认识，贺雪峰教授分析我国土地制度的"宪法秩序"，他认为，土地制度改革必须坚守"地尽其利、地利共享"原则。城市建设带动的土地升值是公共投资的结果，与任何个人的努力无关，因此，土地增值收益应当由全社会分享。通过新民主主义革命和社会主义建设，中国已经取消土地私有制，建立起按劳分配制度。当前进行土地制度改革，要避免土地"食利阶层"的产生。随着征地制度走向规范化，由于征地补偿不到位所引发的冲突越来越少，下一步完善征地制度的重点在于优化征地补偿方面，避免对失地农民一次性现金补偿所造成的不良社会后果。

当前，土地制度改革存在的一种重大误区是，按照城市建设用地价值来想象农村集体建设用地。城市建设存在边界，城市建设占用土地存在上限，只有少部分近郊农村土地存在商业开发可能性，而广大一般农村土地不会产生超额地租。也因此，农村集体建设用地不能通过制度调整而凭空产生巨大财富。当前，包括宅基地在内的农村建设用地超过2亿亩，这部分土地构成巨大的战略储备资源。一方面，随着农民城镇化推进，一部分村庄自然消退，经过未来较长一段时期的自然演化，一些地形地貌条件良好的村庄可通过土地整理补充耕地资源。另一方面，在中短期内，我国粮食安全主要通过科技进步和农业生产力水平提升来保障，暂时无需通过拆除农民房子来增加耕地。当前，农民进城总体上还处于双向流动状态，一部分进城失败的农民需要返回乡村。在这个意义上，农村宅基地构成现代化的"资源冗余"，"这样的资源冗余不仅有必要，而且对于保障农民利益、避免中国城市贫民窟的出现、应对中国经济周期，以及保障中国现代化进程中的稳定，都极为重要"（第179—180页）。

四、探索乡村振兴实践路径

我国是巨型国家，经济社会发展不但存在城乡差距，而且存在明显的东中西地域差距，并因此造成乡村发展的内部差异。总体上看，我国农村分为沿海发达地区农村和中西部一般农业型农村两类。乡村振兴需根据地区差别分类推进。

沿海发达地区的城乡关系紧密，部分地区形成"大城市带动小农村"的格局，这类地区的乡村受城市辐射，具有一定的经济开发机会。在科学规划的基础上，沿海发达地区部分资源禀赋优越和交通便利的村庄，可发展一二三产业融合。与之形成鲜明差异的是广大中西部地区农村，这类地区以农业为主，乡村人口外流，地理位置上与城市距离较远，乡村振兴应定位于完善农村基础设施和公共服务供给。

改革开放后，农民通过参与全国统一市场而大幅提高收入，目前农村存在的主要问题是中西部地区农村空心化导致的农村文化的孱弱。正如《大国之基》指出的，"当前农村存在的主要问题不是农民收入太低、劳动太重，而是消费不合理、闲暇无意义，是社会关系的失衡，是基本价值的失准，是文化的失调"(第113页)。农民在物质生活快速改善之后,面临着精神文化生活贫乏的困境。

早在2003年,贺雪峰教授就开始在湖北4个村庄开展以农村老年人协会为主要形式的乡村建设试验活动,坚持至今。基于这些实践经验,贺雪峰教授提出了以农村老年人为主体、以国家财政支持为基础、以乡村熟人社会为根基的农村互助养老体系建设和文化建设的思路。

五、构想乡村治理现代化制度框架

有效治理是乡村振兴的根基。乡村振兴以农民为主体,确立农民振兴乡村的主体地位,关键是将分散的农民组织起来。现代化弱化和摧毁了乡村社会传统关联方式,农民逐渐走向原子化。实施乡村振兴,需要找到将利益分化的农民重新聚合到一起的组织形式。

村民自治提供了基层治理的基本制度框架。《大国之基》区分了乡村治理的四种类型,分别是用传统体制治理传统村庄、用传统体制治理城市化的村庄、用现代城市体制治理传统村庄、用现代城市体制治理现代化的村庄。我国基层治理处于转型过程中,全国一般农业型村庄占95%以上,构建与农业型村庄社会基础匹配的治理体制,是实现乡村治理有效的前提。推进乡村治理现代化,需统筹考虑村庄现代化程度与治理体制现代化程度,避免体制与村庄的错位匹配。

与改革开放初期相比,农民已经高度分化,"农民"不再是一个统一的身份。组织农民，先要区分谁是"农民"。大体来说，农民分化为已经城镇化、正在进城和留在农村的三部分。乡村建设要逐步切断已经进城农民与乡村的联系，避免"不在村地主"对乡村治理的负面影响，同时要为正在进城农民保留乡村退路，更关键的是要为在村农民提供生产生活方面的便利，实现在村农民利益最大化。平衡三者的关键抓手是构建与城镇化相适应的新型农村集体经济组织，通过重构村社来重建基层。

对此，《大国之基》提出如下设想，"将农民组织起来的最有效办法是利用当前农村集体土地所有制，通过科学设置集体土地的权利，使所有农民利益与土地联系起来，并造成对村社集体的赋权，从而重新激活村社集体，提高村社集体'算平衡账'的能力，真正将农民组织起来"（第323—324页）。乡村振兴是一项社会主义现代化建设事业，要充分发挥社会主义集体制度的优势。

2020年4月

社会稳定的根基

一、当前农村形势变化与农村稳定格局

改革进入深水区，涉及复杂的利益关系调整，保持农村社会稳定对于落实全面深化改革任务至关重要。同时，农村改革也是全面深化改革的基本内容，推进"四化同步"和新型城镇化战略，都包含着农村改革这一主题。农村社会稳定与否会影响到社会全局工作，并且，当前农村社会秩序越来越多地受农村之外的因素影响，因此需要将农村稳定问题放在更大的社会背景中理解。

改革开放以来，农村形势发生两方面的基本变化。一是城乡关系日趋紧密。随着市场经济扩大，农村人财物大规模流向城市，现代元素从城市同步向农村渗入。城乡一体化政策和新型城镇化战略，加深了城乡互动。二是农村逐步被纳入整体社会建设事业，国家扩大对农村的公共财政覆盖，农村社会治理体系逐步完善，国家力量强化对农村社会秩序的介入。以上两方面因素叠加所产生的结果是，农村社会的流动性、复杂性增加，国家对农村社会秩序的规划性增强。在此背景下产生的农村社会矛盾，已经不同于传统时期的乡村社会内部冲突，当前

阶段的社会矛盾反映的是整体经济社会状态。

与2000年之前相比，目前我国农村的社会稳定程度更高。税费改革之前，农民不仅要向国家缴纳农业税，还要承担乡村基层治理和公共服务成本，负担加重和生活困难，引发干群冲突与农村社会不稳定。取消农业税费之后，我国进入"以工补农、以城带乡"阶段，并先后提出城乡统筹、新农村建设、城乡一体化、"美丽乡村"建设等支持农村建设的政策。国家逐年加大对农村的投入，每年我国"三农"财政支出超过2万亿。这些政策手段的根本目标是让农民分享现代化成果。另一方面，过去10多年以来，逐步加速的工业化和城镇建设进程为农民带来充分的就业机会，农民工的平均工资不断上升，流动人口管理和就业保障制度等逐步完善，工资性收入上涨也使农民家庭收入增加。同时，国家不断推动城乡社会保障体系和公共服务均等体系建设，推行"新农合"、"新农保"和农村免费义务教育政策等，农民享受的公共福利增加。当前农村社会的稳定格局与农民分享社会发展成果的总体形势有关。

二、影响农村稳定的主要社会矛盾

社会进步会增强社会稳定，但是并不能消除全部社会矛盾。同时，社会进步意味着社会变迁，社会变迁本身也会内生出社会矛盾。在当前农村总体趋于稳定的情况下，社会流动、政策调整等会引发农村社会的一些不稳定现象，具体包括以下几个方面。

一是农村拆迁矛盾。这是当前最突出的一类农村社会矛盾，例如媒体经常曝光征地拆迁引发的群体性事件，又或是征地拆迁中的个别"钉子户"与政府对抗的情况等。过去10多年以来，我国城市建设规模不断扩大，带来频繁的土地征收和房屋拆迁。城市建设造成土地巨幅增值，土地征收和房屋拆迁涉及巨额利益分配。征地拆迁矛盾时常发生，并且冲突程度比较高。

二是农村土地流转矛盾。近年来国家提出建设新型农业经营体系的政策目标，一些地方政府将新型农业经营体系片面地理解为扩大农业经营规模，并出台政策鼓励和扶持工商资本等经营主体下乡流转土地。为解决土地"插花"矛盾，一些地方政府甚至动用强制手段推动整村整组的土地流转。土地流转剥夺了一部分农民的生产资料，引发了社会矛盾。土地流转之后，受粮价波动和管理能力不足等因素影响，一些缺乏实际经营经验的种粮大户陷入亏损局面。其中一部分流转大户因支撑不下去而毁约，迫使农民找政府索要土地流转费，还有一部分联合起来到政府上访要求增加补贴。

三是农村社区大拆大建矛盾。为鼓励土地资源节约集约利用，国土资源部曾出台农村建设用地与城镇建设用地的"增减挂钩"政策。部分地方政府利用"增减挂钩"政策来增加建设用地指标，开展农村社区大拆大建项目。显然，单纯增加建设用地指标不会增加财政收入，建设用地指标需要转化为商住用地进行开发，才能为政府带来土地出让收入。借助"增减挂钩"政策，一些地方政府将农民房屋拆除，集中建设人口密集的新型社区。地方政府拆除农民的房屋，除了获得建设用地指标之外，还希望增加农民对城镇商品房的需求，从而提升土地出让价格。农村社区大拆大建，经常违背农民意愿，出现赶农民上楼的现象，引发社会矛盾。另一方面，为了取得新建社区的资金平衡，一些地方政府压低对农民的补偿，让农民承担拆旧建新的成本。很多地方政府在拆除农民住房之后，由于县城房地产市场容量有限，新增建设用地指标无法转化为商住用地，出现了资金链断裂之后社区建设烂尾的现象。农村社区的大拆大建引发了诸多矛盾。

四是农村土地确权矛盾。农村土地属于集体所有，在农民的意识中，土地是"吃饭"的基础，并且"人人有份"。推行土地承包经营权确权，并且加大宣传土地承包关系"长久不变"政策，让农民意识到本轮确权之后土地不可能再调整。这项政策可能激化第二轮土地承包以来的地权不平衡矛盾。

五是农业生产方面的矛盾。目前农业生产的机械化程度大幅提高，与传统肩挑人扛的生产方式相比，农业机械化生产方式增加了农民对农业公共基础设施的需求，如机耕道和农田水利设施等。农业生产上的另外一个矛盾与土地确权有关，确权政策锁定了土地细碎"插花"的局面，严重阻碍了农业机械化生产，农户之间由生产上相互妨碍引发的矛盾增加。土地细碎化降低了集体内部的农业公共品供给能力，农业生产矛盾最终会演变成由政府兜底的社会治理矛盾。

六是惠农资源分配矛盾。我国自2007年开始全面实施农村最低生活保障政策，近几年低保补助标准上升，保障范围扩大。另外，政府还投入了一些补贴到户的支持资金用于危房改造、产业扶持、教育救助等方面。这些惠农资金改善了部分农民的生活条件，但也引发了很多社会矛盾。农民的家庭收入难以统计，农户之间收入差距不大，在财力充足的情况下，政府逐步扩大受惠面，一些绝对贫困户之外的一般农民也被纳入政策范围。这导致补助弱势群体的特殊政策变成农民竞相争夺的福利性政策。另外，政策的模糊性为基层干部的操作留出空间，如低保政策在农村实施时出现"人情保"和"关系保"现象。对这类政策的不公平执行造成了新的社会矛盾。

七是其他方面的农村社会治理矛盾。农村人财物大量流出，弱化了村庄内生秩序的供给能力，产生了"三留守"问题，造成了农村老年人生活照料缺失和老年人自杀问题。在农村秩序弱化的情况下，目前还出现赌博、邪教传播等社会问题。

三、构建农村作为中国社会稳定根基的政策思路

分析农村社会的不稳定因素可以发现，很多矛盾与当前我国所处的发展阶段有关。以社会关注度很高的征地拆迁冲突为例，这类矛盾与城镇建设有关。通常是城市扩张越快、建设规模越大的地区，征地拆迁矛盾越突出。这类矛盾的高发，恰恰是由我国社会快速发展带来的。我们在沿海地区看到，当城市基础设施基本完善、城市边界基本确定之后，征地拆迁会减少，与之相关的社会矛盾也会减少。我国是一个发展中国家，

发展过程中必然会产生各种各样的矛盾，由发展所引发的社会矛盾会在发展阶段完成之后自然解决。

以上所列举的一些农村社会矛盾还具有很强的区域性。比如"三留守"问题主要发生在中西部农村，征地拆迁矛盾主要发生在东部沿海地区和城郊地区，农村社区大拆大建矛盾发生在特定地区。中国地域广大，地区间发展不平衡，不同地区所产生的主要社会矛盾也存在差异。若不考虑这一点，一些局部社会矛盾有可能被错误地理解为全局性问题。比如主要发生在经济发达地区和城郊地区的征地拆迁矛盾，由于涉及利益巨大，引发农民与政府的博弈，甚至出现激烈冲突和个别恶性事件。然而，全国95%的农村几乎没有机会经历征地拆迁，尽管很多农民存在盼望拆迁的心理。少数地区表现出的巨大烈度的农村社会矛盾，恰恰是局部问题，不能反映农村整体社会稳定状况。

这些烈度很大的局部社会矛盾和个案事件，经常被媒体放大、炒作，造成巨大的社会影响。从农村治理角度看，这些局部矛盾的确需要解决，但不能作为设计农村政策的起点。所有社会都存在利益分化的状况，任何一项社会政策都只能追求社会利益的最大公约数。因此，必然会存在因少数人的差异化利益诉求得不到满足而引发的社会矛盾。社会矛盾是任何一个社会的常态现象，判断社会稳定与否的标志，不是存在矛盾与否，而是必然存在的社会矛盾是否违背多数人利益和瓦解多数人认同的社会秩序。

继续保持让农民分享社会发展成果的制度建设，既有利于农村社会稳定，又有利于整个社会保持稳定。我国人口超过13亿，在如此庞大的人口基数上进行社会现代化建设，必然是机遇与风险并存。这些年来，我国保持经济社会又好又快发展的基础是农村构成社会的稳定根基。

我国正处在现代化的爬坡期，继续保持发展才有出路。当此时期，必须珍视相对稳定的农村社会秩序对于整个中国社会发展的巨大意义。相关的农村政策需从构建中国社会稳定根基的角度出发，构建城乡辩证一体关系，保持城市作为发展极，坚持农村作为稳定极，形成城乡良性互动格局。与之配套的农村社会政策需要将保持农村社会稳定作为起点。

2017年5月

第二部分 乡村振兴战略

国情农情与振兴乡村

振兴乡村的重大意义不仅在于补齐乡村发展短板和消除城乡发展不平衡，而且在于继续发挥乡村在我国整体经济社会建设中的积极作用。实施乡村振兴战略，最关键的是要立足国情农情，做到顺势而为。

一

现代城乡关系大体可以区分为三种基本类型。第一种是政策主导型，最典型的是我国改革开放前的城乡关系，当时国家通过体制上、政策上的差异化制度安排，建立起城市优先、工业优先的城乡二元结构。第二种是市场主导型，城市与乡村作为两类经济社会形态，存在着各种要素交换关系，城市的生产力发展水平、产业集聚程度和资源配置效率要高于乡村，在市场主导型的城乡关系下，通常发生人财物从乡村流向城市的自发聚集。当前，我国以外的大部分发展中国家的城乡关系属于第二种类型。再就是第三种类型，即"保护型"城乡关系。我国改革开放以后的城乡关系，从对立性的城乡二元结构调整为保护型关系，目前中央确定的农业农村优先发展的乡村振兴战略,也更加鲜明地体现出了"保护型"城乡关系的特征。

"保护型"城乡关系的本质是,一方面,在体制和制度层面上消除对农村和农民的区别对待,平等赋予农民各项经济社会权益,开放农民参与经济社会建设的机会,让农民公平共享发展成果;另一方面,国家基于农业的相对弱质性和农民参与市场能力的相对不足性,针对性地制定保护农民、农村和农业的政策措施,避免农民在市场竞争中陷入不利地位。

纯粹受市场力量支配的城乡关系虽然会提高统计意义上的城市化率,但是却以贫富两极分化和社会发展受限为代价,大部分发展中国家存在的城市贫民窟现象便是例证。改革开放以来,我国加快城镇化发展。同期,城市失业率继续保持低水平,农民工工资水平不断提高,进城农民享受市民待遇的范围逐步扩大。我国实现又快又好的城镇化,没有出现其他发展中国家所陷入的"中等收入陷阱",关键在于坚持了"保护型"城乡关系。

乡村在经济社会建设中发挥着稳定器与蓄水池的功能,这是我国改革开放以来取得巨大发展成就的奥秘之一。在保护型政策设置下,我国乡村社会保持稳定,充当着我国经济社会的压舱石。

二

实施乡村振兴战略,首先需要正确地处理城乡关系。目前我国城镇化率不足60%,户籍人口城镇化率则更低。加快落实新型城镇化战略，继续开展城镇建设，是促进我国经济持续增长和维持社会持续发展的基本手段。全世界的一般规律是，每个国家和地区在城市化加速阶段，都会出现乡村相对于城市的衰败化和空心化的状况。只有等到现代化已经实现和城市化已经基本完成之后，才有可能真正实现城乡完全平衡。我国的城乡发展也要遵循这一客观规律。

我国地域辽阔，区域发展不平衡是我国现实基本情况。总体上看，我国的农村可以区分为两大类型：第一种是经济发达地区农村，包括东部沿海地区农村和中西部地区的城郊农村；第二种是一般农业型农村，在广大中西部地区广泛存在。经济发达地区农村的特点是，区域工业化和城镇化程度高，属于人口流入地，地方政府的财力雄厚，本地经济机会多，农民收入高，农业的传统功能弱化。一般农业型农村的特点是，远离大中城市，工业化程度不高，农民进城意愿强，人口净流出，村庄空心化趋势加剧。农村发展不平衡的状况，决定了乡村振兴战略在不同地区和不同农村的实施差异。

中央强调，实施乡村振兴战略要坚持农民的主体地位。改革开放以来，农民的收入日趋多元化，农民分化的状况也日趋显著。从村庄内部看，少数农民较早到村庄之外谋求机会，他们当前已经在城市买房并获得稳定工作，成为"离农进城户"；部分农民留在农村生存发展，利用当前政策机会，成为种养大户和农村经营能手等；另有部分农民家庭充分利用家庭劳动力，形成子代外出务工和父代留守务农的"半工半耕"家计模式；还有少数缺乏劳动力或其他原因而陷入生活困难的农村贫困户。不同类型的农民在整体经济社会生活中所处的位置、城镇化的能力和动力、对乡村的依赖和预期等，各不相同。实施乡村振兴战略需立足当前农民高度分化的状况。

三

中央将乡村振兴战略部署到2050年，涵盖了乡村产业、乡村生态、乡风文明、乡村治理和农民生活等各个层面。推进这项全局性的战略工作，最终要落实到具体的农村和具体的农民。立足国情农情的乡村振兴战略，在实施过程中，需要注意以下三个方面。

第一，要保持城乡的辩证关系。乡村发展不充分和城乡发展不平衡是当前我国发展不充分不平衡的突出表现，实施乡村振兴战略的核心是促进城乡融合发展，但是这并不意味着彻底消灭城乡差异。纵然是在已经高度发达的国家和地区，城市和乡村之间也还存在着诸多不同之处，城乡差异不可能被机械地消除。推进城乡融合发展，关键是明确乡村在我国全面实现社会主义现代化事业中的定位。

中央在做出乡村振兴的战略部署前，已经确定了新的城镇化政策。乡村振兴与城镇化建设并不矛盾，它们包含了辩证地处理城乡关系的发展智慧。整体而言，城市和乡村在经济社会建设中分别扮演一动一静的角色，当前阶段我国的发展极依然在城市，因此要继续推进新型城镇化建设，扩大农村人口转移力度。另一方面，还要充分发挥农村的稳定极功能，明确乡村振兴的底线目标。作为发展中国家,我国不可能预期将乡村建设得与城市一样好甚至超过城市。振兴乡村的合理定位在于,通过乡村建设来构筑整个社会的稳定基石,通过农业农村优先发展政策,让暂时不能进城的农民共享经济社会发展成果。

第二,实施乡村振兴战略要做到因地制宜。我国农村发展存在着地区间的突出不平衡,部分贫困地区农村与东部沿海发达地区农村的差别程度,甚至高于沿海城市带内部的城乡差异。城郊农村与远郊农村,沿海经济发达地区农村与中西部地区农村,在人口流动趋势、地方政府财力、村庄集体经济实力等诸多方面都存在着巨大差异。沿海经济发达地区通常更有条件率先做到"产业兴旺、生态宜居、乡风文明、治理有效、生活富裕",这种地区在实施乡村振兴战略方面走在前头,容易形成先进工作经验,而中西部广大一般农业型地区并不具备经济发达地区乡村建设的外部条件。人口流入多和经济密度高的发达地区的乡村建设有条件做到更强、更富、更美,相较而言,人口流出多和经济密度低的中西部地区的乡村建设,则应当更加注重基础设施的完善和公共服务的健全。

第三,乡村振兴应当抓住农民中的绝大多数。我国拥有庞大的人口基数,这决定了未来较长一段时期依然会有数亿人生活在农村。人地关系紧张、农业生产剩余有限和农村发展机会相对较少的乡村基本格局,将继续维持。实施乡村振兴战略,一方面要促进城乡要素自由流动和平等交换,另一方面还要坚持"保护型"城乡关系,支持农村、保护农民和扶持农业的政策理念不能改变。

针对农村改革和实施乡村振兴战略过程中可能出现的偏差，中央在一些关键方面已经做出了明确要求，譬如划定农村土地制度改革底线，要求研究制定扶持小农生产的政策意见，禁止违法买卖宅基地以及严禁下乡利用农村宅基地建设别墅大院和私人会馆，等等。当前我国一部分农民已经成功进城落户，还有大部分农村正处在城镇化的过程中，绝大多数农民的进城预期还不稳定，有可能遭遇进城失败的风险。实施乡村振兴战略，既要开放农民的进城机会，又要为这些进城奋斗的农民提供退路和兜底。乡村振兴战略的实施指向亿万农民的利益，在此过程中尤其要警惕城市过剩资本借各种名义下乡与农民争地争利。

中国是全世界人口最多的国家，中国追求现代化的事业是史无前例的，正在实施的乡村振兴战略也是前所未有的。尊重我国的基本国情和基本农情，是走中国特色社会主义乡村振兴道路的核心要义，也是决定乡村振兴目标实现的关键。

2018年2月

乡村振兴的东中西差异

一、人口流动背景下两类村庄的不同振兴目标

我国幅员辽阔,区域发展不均衡。改革开放以后,我国东部沿海地区发挥交通便利的区位优势,率先推动区域工业化、城镇化发展,成为我国经济相对发达的地区。与之相对,广大中西部地区依然呈现出以农业为主的产业形态,成为经济社会发展相对落后的地区。基于区域发展状况,我国农村大体可以区分为经济发达村庄与一般农业型村庄两种类型。

以上两种类型的村庄存在着显著差异。东部沿海地区和大中城市周边地区的村庄,受工业建设带动和城镇扩张辐射,形成了利益密集的特征。这些经济较发达的村庄,属于人口流入地。大量外来人口租居,带动本地租赁业和其他服务业的发展,产生远多于一般农业型村庄的经济机会。密集的利益和充裕的发展机会,除了为经济发达地区农民实现普遍富裕之外,还带动这些村庄的集体经济发展壮大。

相对而言,广大中西部地区的一般农业型村庄存在的经济机会则要少得多。由于远离城市,这些农业型村庄不能享受产业集聚和基础设施投资带来的土地增值。广大中西部农村土地

主要用于农业生产,并且以普通粮食作物种植为主。在一般农业型地区,农民的主要家庭收入来自村庄之外,青壮年劳动力大量流失,农村经济不活跃,农村人气也不旺。中西部地区农村整体呈现出空心化状态。

两种类型村庄当前面临的主要矛盾不同,未来发展方向也不相同。经济发达村庄所面临的基本问题主要包括:早期粗放发展导致的资源低效利用,前期缺乏科学规划造成的发展受限,以及针对外来人口的公共服务能力不足等。

对比来看,人口流出多和经济密度低的中西部地区农村的乡村建设,主要是要应对空心化问题。针对一般农业型村庄的乡村振兴战略,则应当更加注重基础设施的完善和公共服务的健全。

二、振兴乡村要抓住农民中的大多数

实施乡村振兴战略,需动员广大农民群众积极参与。与改革开放初期相比,目前农村已经打破千篇一律的格局,农民之间也呈现出巨大差别。

在一般农业型村庄中,按照收入来源,农民大体可以分为以下几种类型。第一类是在农村社会分层中处于上层的离农户,主要是指少数在城市务工获得一技之长或是从事经营活动的农民,这部分农民完全脱离农业生产和农村生活。第二类是在乡村从事各类经营活动的"中坚农民",包括流转土地的种田能手、养殖大户、农机服务专业户、基层市场中的"代办"

等,这类农户具有突出的市场经营能力,属于留在村庄中的精英。第三类是"半工半耕"户,这类农户依靠代际分工与夫妻分工来谋求家庭收入最大化,其基本形态是年老的父母在家务农、年轻夫妇外出务工,或是妻子在家务农、丈夫外出务工,形成家庭"两条腿走路"的形态。第四类是农村贫困户,这类农户通常只有自家承包地上的农业收入。

不同类型的农户在城乡二元结构中的处境不同,参与城镇化进程和乡村建设的目标与动力也不同。作为村庄少数的离农户,在经济活动和日常生活中,实质上已经脱离农村,是户籍人口城镇化的对象。对于"中坚农民"和"半工半耕"户而言,他们家庭收入中的重要部分来源于农村、农业,这两类农民具有进城动力,却无法彻底脱离农村。农村贫困户是国家精准扶贫的对象,他们缺乏进城能力。

经济发达地区的农村内部分化程度更高。由于距离城镇市场更近,当地农民拥有更多的经济机会。在东部沿海地区和中西部大中城市周边,农民除了务工和务农之外,还有机会成为企业家、工程承包商和经销户等,形成村庄中的"老板群体"。"老板群体"的财富量和社会地位远超过一般农民,他们不依赖农业和土地。除少量"老板群体"之外,占农村人口绝大多数的是依靠务工与务农获取收入的普通农户。

目前理论界对乡村振兴战略的理解存在误区。对于振兴乡村的目标所指,存在两种观点。第一种是将振兴乡村看作是为城里人构筑下乡休闲旅游的场所,建设乡村的目的是满足城市中产阶层的乡愁情结。第二种是将乡村振兴战略理解为土地和农村资源的资本化过程,目的是为城市过剩资本寻找投资机会。这两类观点脱离农村实际和农民需求,与中央提出乡村振兴战略的本意相背离。

2018年"两会"期间,习近平总书记在参加广东代表团审议时,谈及新型城镇化政策与乡村振兴战略的关系,提出"城镇化、逆城镇化两个方面都要致力推动"的观点。高质量的城镇化是一个国家和地区的现代化事业成熟的标志。我国还处于发展中阶段,经济社会发展离不开城镇建设的继续推进。

笔者认为,实施乡村振兴战略的核心命题是让暂时无法进城的农民分享社会主义现代化成果,促进城乡和农村内部的平衡而使其充分发展。从这个意义上讲,推进乡村发展和乡村建设,不是让那些已经成功进城的农民返回农村,更不是为城市过剩资本打开下乡大门。实施乡村振兴战略,针对的是当前还生活在农村中且依赖农业的农民。

三、针对两种不同类型的农村情况,采取不同的乡村建设策略

中央确立乡村振兴战略之后,政策上兴起的一个热点问题是,如何破解乡村振兴的人才瓶颈制约。对此,中央提出要"汇聚全社会力量,强化乡村振兴人才支撑",并鼓励社会各界投身乡村建设,激活村庄人气。针对两种不同类型的村庄的实际情况,可采用不同的建设策略。

广大中西部地区的村庄远离城镇,第二、三产业发展机会

少，未来依然是以农业为主，土地主要用于粮食生产。对于这种类型的村庄，落实乡村振兴战略应当定位于"底线建设"目标，为正在进城奋斗的农民提供稳定的后方，为从事农业生产的农民提供更好的公共服务，为进城可能遭遇失败的农民保留农村退路。

在一般农业型地区，那些留村的"中坚农民"，可在村庄建设和基层治理中发挥巨大作用。"中坚农民"向本地农民流转土地，为本地农民提供服务，他们的经济来源和社会关系都在本地，他们的生活也指向本地。在村庄日渐空心化的背景下，这些为数不多的"中坚农民"，是积极响应国家"三农"政策的基本群众，也是维系农村基层社会稳定的基本主体。在利益稀少的一般农业型地区开展乡村建设，关键是要激活"中坚农民"。中西部地区的农村经济机会不多，农业生产剩余较少，在政策设置上，需保护和扶持"中坚农民"。

经济发达地区的村庄靠近城镇，农业附加值高，存在一二三产业融合机会。国家鼓励能人返乡创业，中央要求加快制定引导工商资本参与乡村振兴的指导意见。各地在开展乡村建设过程中需重视的一点是，要按照中央的要求，科学地编制乡村振兴地方规划和行动方案。目前由各地政府主导的农村一二三产业融合的工作正如火如荼地进行着。实施推动乡村产业振兴，需结合规划有序进行，避免各地一窝蜂地上项目而造成资源浪费。另外，乡村旅游存在市场容量限度，要警惕农村出现"三产化"泡沫。

2018年4月

乡村建设的重点

一、构建中国特色的农村养老

随着农村老龄化的加剧，农村养老问题成了亟待解决的核心问题之一。解决农村养老问题，尤其需立足基本国情。目前，我国人均GDP刚过1万美元，与一些发达国家还存在不小差距，我们必须探索出与国情相适应的老龄化问题的应对办法。

改革开放之后，立足于城乡二元结构，我国城市社会化养老保障体系逐渐健全，农村形成家庭养老和土地养老相结合的养老方式。这种城乡二元化养老体系的优势在于，一方面通过新型城镇化政策实施、户籍制度改革等，扩大城市公共服务体系覆盖范围，越来越多的进城务工落户农民被纳入城市养老体系中。另一方面，通过坚持"保护型"城乡关系，限制工商资本下乡，避免了过早地出现"逆城市化"，为暂时未能定居城市和没有进入城市养老体系的农民工保留了退养空间。

与改革开放初期相比，当前农村老年人的生活状况有了大幅改善，这除了与农村经济社会快速发展有关之外，还与国家加大向农村投入资源的力度有关。目前，"新农保""新农合"在农村基本实现全覆盖，各地推行高龄老人补贴政策，此外，农村低保、大病救助、精准扶贫等政策也向收入较低的老年群体倾斜。国家相关政策发挥了养老兜底功能，极大缓解了农村的家庭矛盾与社会矛盾。

当前构建农村养老体系，还需注意以下方面。

一是发挥农村"低消费、高福利"制度体系优势。农村与城市存在两套十分不同的生活系统，"老人农业"加"田园经济"构成我国现代化过程中独具特色的农业经营方式。调查发现，70岁以下身体健康的老人积极地从事农业生产活动，在各地农村都十分普遍。劳动创造财富，劳动产生意义，与农业结合的农村养老方式还具有文化生产的内涵。

二是提高国家向农村投入资源的效率。在发展过程中，只有极少数农村通过一二三产业融合走向繁荣，绝大部分农村都将走向"保底型"建设。国家向农村投入资源应当符合农村发展基本规律。人口老龄化将成为未来农村空心化的基本形态，不能进城和不愿进城的老年人会构成未来农民的主体部分，投入资源构建可持续的农村养老体系应与这个特征相符合。

三是建设村庄互助体系。人的需求具有不同层次，在基本的衣食住行需求得到满足之后，农村老年人在村庄熟人社会中还可以获得交往的意义。过去10多年，笔者所在的研究团队在湖北4个村庄坚持开展农村老年人协会建设试验，引导农村老年人组织开展文化建设活动，取得了显著效果。农村老年人不是被供养的消极主体，可利用他们对老年生活的更高层次的需求，在村庄中以特定形式将他们组织起来，解决"人心"孤独问题，提高生命尊严。

二、建设农民需要的社会组织[1]

培育和发展社会组织是完善农村基层治理体系的重要方面。但笔者在农村调研中发现,当前社会各界对农村社会组织存在着误会。

第一种误会是将社会组织理解为提供特定服务的第三方主体。这些年来,在城乡基层治理中兴起了"花钱购买服务"的思路,一些地方扶持发展第三方组织,尝试将某些基层工作以向第三方组织购买服务的方式来完成。实际上,很多农村基层治理工作不能简单地看作是"服务",譬如农村纠纷调解工作。很多农村纠纷涉及利益不大,却引发了当事人之间强烈的对立情绪,对于这类纠纷,调解工作的关键是疏通人心。农村基层纠纷调解的本质是群众工作,需要熟悉群众心理、了解矛盾双方社会背景的基层干部来处理。群众工作不是简单化的服务,更不可能量化,不能交给第三方组织完成。

第二种误会是将社会组织狭隘地理解为公益性组织。在公众的想象中,农村处于弱势,农民属于弱势群体,因此要发展公益性组织来帮助农村、帮助农民。这类想法的最大问题是忽视国家在农村已经建立了健全的基层组织。目前国家各级财政每年的"三农"总支出已经超过2万亿元,并启动了乡村振兴战略。在国家重视"三农"问题和优先发展农村的背景下,农民越来越多地分享到经济社会发展的成果。改变乡村面貌,要依

---

[1] 此两节内容在作者撰写的《社会组织与农村基层治理研究》序言中有所讨论。

靠经济社会总体的发展和国家在政策上的倾斜，公益性组织所能起到的实际作用有限。

站在基层治理的角度，培育和发展社会组织的主要目的是将农民组织起来。农民分散所产生的治理困境在于，国家与一家一户的农民打交道难。因此，要搞好农村基层组织建设，需通过村民自治组织将农民组织起来，激活村庄公共性，激活基层民主。其中尤其要注意的一点是，要坚持群众路线，做好群众工作，防止基层干群关系脱节。只有组织起来的农民在基层治理中才有主体行动能力，也才能够承接国家政策和国家资源。

发展农村社会组织，要注意以下三个方面。

一是要立足既有的农村治理体系，发挥农村基层党组织、村民自治组织和集体经济组织的作用。这些组织是乡村治理的关键，其他各类社会组织起到辅助作用。

二是要用好熟人社会资源。农村是熟人社会，其中的交往和组织是低成本的。培养和发展农村社会组织，关键是要激活村庄，塑造村庄公共性，建立群众性组织。

三是要借助国家政策和国家资源。乡村面貌的改善从根本上离不开国家主导的资源输入，要通过培育和发展社会组织来提高国家资源的投入效率。借助国家资源输入激活基层民主，做到资源要下去，农民组织要起来，只有这样才能解决基层治理"最后一公里"问题。

三、正视农村老人的价值缺失

社会变迁的总体趋势是老年人在家庭和社会中双重边缘化。"老而无用"的话语在一些地区已经出现。在新的家庭结构和社会生活中,老年人找不到自己的位置,逐渐变成了家庭的"负担"和社会的"累赘"。农村最无奈的情形莫过于儿女因为老人的"拖累"无法外出打工,这样的家庭往往会沦落为村庄里的贫困户。碰到这种情况,老人自己都会觉得"活着是罪过"。今天的农村养老问题,除了物质供养负担之外,还存在着老年人的价值丧失和意义缺失问题。

自2003年左右开始,笔者所在的研究团队在湖北省的4个村开展农村老年人协会建设试验。4个行政村建设有一个老年人活动场地,几间房子作为活动室,活动室内摆放有棋牌桌、影碟机和电视机等。协会一般是上午九十点钟开门、下午四五点钟关门,日常活动不多,老年人到协会转一转、坐一坐,或是打牌,或是聊天,消磨时光。平时去老年人协会,会看到农民三三两两坐在那里,除节日外,锣鼓喧天、鞭炮齐鸣的场景很少见。

自协会成立以来,研究团队坚持每年捐赠一笔资金,几千元到1万元不等,用作协会活动经费,一直坚持到现在。老年人协会选举出理事长、会计、出纳等,负责管理协会的日常事务和财务。在帮助4个村成立起来协会之后,除了每年捐钱之外,研究团队从不介入协会的事情,而是由协会的老年人自己来组织管理。

老年人协会的大型集体活动不多，组织形式松散，经费也很少，但这并不代表协会建设得不好。当前我国步入老龄化社会，拥有协会的这些村超过60岁的人占村庄人口比例已高于15%。农村老龄化不仅是一个人口结构老化的问题，还会因为人口结构老化给个体、家庭和社会带来整体性的影响。今天很多农村人不到50岁就抱上了孙子，这些人在年龄上不算老人，在心理上也不算老人，他们如何安排自己在家庭中的角色、能否处理好与子女的关系，是非常现实的问题。

农民不是哲学家，农村老年人的生存意义不能产生于个体思考，孤独和独处只能让老年人进一步丧失意义感。文化产生于集体活动，社会组织是文化的载体。农村老年人身处边缘，他们的生存意义只能通过组织化的形式产生。协会让老年人聚集起来，成立属于老年人的社会组织，是老年人建立意义体系的第一步。一般在老人过生日时，会长会带人上门去祝寿，赠送一点小礼物。当有老人过世时，有的村协会还会安排人去送花圈，并派代表去吊唁。在家庭和村庄之外，老年人找到了协会这个组织归属。通过这些组织活动和仪式，协会试图让老人体会到活着的价值。老年人协会建成后最直接的效果是，原来一些参加家庭教会活动的老年人退出来了，老年人自杀的情况也有所减少。

相对于经济上的匮乏，目前乡村更深刻的匮乏是在文化上。当下整个社会的经济活动中心在城市，乡村社会虽然经济生产能力弱化，但价值生产能力依然强，农村社会组织要定位在文化生产方面，乡村建设重在文化建设。这4个老年人协会的启示在于，农民需要被组织起来，并以组织化的形式应对其在生产生活中面临的困境。

四、乡贤回村需顺势而为

乡村振兴是一项规划到2050年的发展战略。未来30年，我国总体上仍将处于努力建设现代化国家的奋斗阶段。乡村振兴的远景目标是实现农村的"强富美"，实现这一目标的前提条件是中国现代化事业的全面完成。当前推进乡村振兴，必须要处理好战略与策略的关系，以及乡村建设与整个现代化建设的关系。

在全面建设社会主义现代化国家的新阶段，随着乡村振兴战略的实施，新型城镇化将继续推进。长远来看，城乡均衡发展局面的形成，离不开农村人口进一步向城市转移。

实施乡村振兴的目的在于，通过农村农业优先发展的政策手段，来缓和农村相对衰败的局面，缓解乡村参与现代化时所出现的阵痛。也因此，乡村振兴不是要中断新型城镇化进程，更不是要将乡村建设得比城市好，而是要通过乡村建设来促进城镇化的健康发展，将乡村建设成为对冲现代化风险的基地。在乡村振兴战略的背景下，开展乡村建设行动的意义在于，巩固乡村作为中国现代化大后方的战略地位，并由此建立起城市拉动发展和创新、乡村消化风险的两极发展战略。

乡村振兴的战略定位决定了乡村建设的实施策略。随着城镇化推进，未来30年中，将会有一部分村庄趋于消失，还有一部分村庄保留下来,作为那些不愿意进城和没有能力进城的农民的留守之地,另有一部分村庄参与市场经济,从事经营性开发,实现城乡深度互动。受人口基数的影响,即便在我国城镇化达到较高水平之后,依然会有数亿人口生活在农村。从绝对数量上看,全面进入现代化阶段的中国乡村人口,依然超过全世界绝大多数国家的人口总规模。我国乡村资源禀赋相对紧张的局面将长期存在。在此意义上来说,我国短期内不会进入大规模的"逆城市化"阶段。

在具体的乡村建设过程中,局部的、小规模的、零散的城市人口下乡必然会发生。城市人口下乡存在三种形态:第一种是以资本的形态下乡,如工商企业下乡流转土地,甚至是尝试获得农村宅基地的长期使用权;第二种是市民下乡旅游、体验生活和消费乡愁;第三种是部分从乡村走出去的能人、公职人员等退休后返乡生活。这三种形态的城市人口下乡所产生的效应不同。

第一种形态的资本下乡存在诸多的政策限制,由于乡村生存空间有限,国家避免下乡资本与农民争利。第二种形态的市民下乡给部分乡村带去了发展机会。有些环境较好和具备区位优势的村庄具备经营性开发的条件,可以满足市民的消费需求。但由于市场容量有限,这类村庄占比不超过5%。当前各地大规模地发展乡村旅游产业,大搞全域旅游,存在泡沫化风险,需要降温。第三种属于乡贤回村,能够给乡村发展带来一些额外的动力。

政策上倡导乡贤参与乡村建设需要注意两点。

首先,要识别真正的乡贤。我国大规模的人口流动发生在过去40多年间,很多城市人口出生于农村,因此具有较强的家乡观念。一部分人愿意退休后参与乡村建设,他们有热情,也有一定的技术和能力。这类人属于乡村发展的积极力量。还有一部分人,希望在乡村获得一块土地和建一套房,纯粹属于满足个体的乡愁梦想。另外存在一部分人返回村庄是要流转农民的土地搞投资,实现资产保值。引导乡贤来搞村庄建设,主要是发挥第一类人的力量。

其次,基层组织建设是关键。乡情乡愁尽管构成部分人回报家乡的原始动力,但随着乡土文化渐渐消逝,以及乡村逐步从"熟人社会"走向"半熟人社会",乡情乡愁无法构成吸引乡村建设力量的稳定机制。相对于健全的基层组织和国家每年投入"三农"的数万亿资金,任何个体的力量都显得十分有限。离开国家支持和基层组织,乡村建设无从实现。乡贤需要在基层组织的框架下发挥作用,参与乡村建设。

2021年3月

减贫的中国经验

改革开放以来，中国在减少贫困人口方面取得了世界瞩目的成就。过去30多年，中国有7亿多人口摆脱贫困，这主要得益于农村贫困人口大幅减少：2011年至2015年，中国农村贫困人口累计减少近1.1亿人；到2015年，剩余农村贫困人口为5575万人，成为当前扶贫攻坚工作的主要对象。

一、无法脱贫的5%主因是家庭结构残缺

相对于改革开放初期中国农村普遍贫困的状态，当前农村内部已经形成以"中等收入农民"为主体的村庄社会结构。各地农村内部所呈现出的典型社会结构是，20%左右的村庄上层，5%左右的村庄下层，剩下75%左右的村庄中层。当前所剩的农村贫困人口，集中在这5%的村庄下层中。这部分农民通常要么是家庭遭遇天灾人祸、重大变故，要么就是家庭主要劳动力患有重大疾病或者先天身体残疾。至于20%的村庄富裕上层，通常是指做生意、当包工头、有特殊技术一类的农民，这部分农民很多都在城市买房子，并且全家定居在城市。剩下75%的农村家庭则通过合理安排家庭劳动力，在农村获得基本体面而有尊严

的生活。农村内部的富裕群体的形成、"中等收入农民"群体的扩大及其收入的稳步提高,是中国农村迅速脱贫的原因。

2015年中国将农村最新贫困线标准上调为人均年纯收入2800元,略高于世界银行划定的标准。按照农村一个四口之家计算,家庭年纯收入达到11200元就算脱离贫困。以一对夫妻加上两个未成年孩子的典型家庭结构来看,这对夫妻若非丧失劳动力,则很容易获得超过贫困线的家庭收入。根据国家统计抽样调查的结果,2015年中国农民工人均月收入为3072元,其中外出农民工月均生活消费支出人均1012元。刨掉生活开支,一个四口人的典型农村家庭中只要有一个劳动力外出务工半年以上,就基本能够实现其家庭人均收入超过2800元。我们在调查中发现,当前农村依然无法摆脱贫困的那5%的家庭,家庭结构恰恰都处于残缺状态,一类是鳏寡孤独家庭,还有一类是有成员先天身心残疾或者后天患有重大疾病的家庭。这两类家庭都因缺乏劳动力而无法获得维持家庭基本运转的收入。

二、"有肉吃,没钱花":自然经济状态中的贫困

贫困线通常是根据维持人的生存和劳动力再生产所需的最低标准来界定的。实际上,除开占村庄人口5%的绝对贫困家庭,其余处于正常结构状态的家庭不仅很容易摆脱贫困,而且还可以获得远超最低标准的较好的生活条件。现在要维持正常的农村生活标准,一个中部地区的家庭每年需要开支2万~3万元,东部经济发达地区的标准则更高。这些开支用于满足衣食

住行用等基本需求以及维持正常社会交往所需的农村人情礼节等方面。

以鄂西地区农村为例，鄂西位于国家划定的武陵山集中连片贫困地区，我们在当地调查发现，该地区农民目前还一直坚持养猪杀年猪的传统。农民利用山地种植红薯、玉米等杂粮用于养猪，每家每年养殖两三头以上，每头养殖到300斤，年底宰杀后腌制做成著名的鄂西烟熏腊肉，供自家来年食用。三头肥猪的价格近万元，如果按照土猪肉来算，价格会更高。当地的贫困家庭也维持这种生活习惯，每天每人半斤肉被当地农民视作正常生活标准。另外，鄂西贫困山区的农民还维持较大范围人情往来的习惯，普通农户人情往来达百户以上，每年人情礼节开支最低都有几千元。单从猪肉消费和人情开支两项计算，很多被纳入贫困范围的家庭每年支出也将近万元。

从调查到的情况来看，那些被识别为贫困户的山区农民并不存在衣食短缺的问题。类似鄂西这样的山区的农民之所以看似贫困，是由于交通运输条件限制，山区与外界物资交换困难，很多深山农副产品等无法向外运输，农民生活只能维持"有肉吃，没钱花"的自然经济状态。其中一部分家庭由于劳动力缺乏或者家庭结构不完整，无法向城市输出劳动力，只能从事简单农业生产而陷入贫困状态。尽管如此，由于每家每户都获得集体分配的土地作为保障，被统计为贫困户的农民能通过务农来获得基本的生产生活资料，一部分贫困家庭甚至还可以过上每天吃两顿肉的生活。除此之外的其他结构完整的农民家庭，可以通过输出部分劳动力，在全国开放的统一劳动力市场中获得就业机会和劳动收入，由此脱离贫困状态。

三、"半工半耕"保障了农村贫困人口的自发减少

农村户均不到10亩的土地，尽管可以为那些5%的无法向外输出劳动力的家庭提供底线保障，但是并不能为大部分农民提供致富途径，所以正常的家庭需要在农业之外寻找其他收入机会。通常的情况是，家庭通过代际分工或者夫妻分工的形式来安排劳动力，要么是父母在家种地、子女外出打工，要么是妻子在家种地、丈夫外出打工。留在农村的劳动力既照顾家庭，又从事农业生产；流向城市的劳动力则全心全意挣钱，以便年终带一笔现金回家。这种以代际分工或者夫妻分工为主要形态的家庭劳动力安排方式，最大化地提高了农民家庭收入。可以看到，中国农村贫困人口大幅减少与农村劳动力大量外出是同步发生的。当前务工收入约占农民家庭收入的一半。

按照近年农民工收入标准计算，一个劳动力每年只要外出就业10个月，就可以为家庭带回2万元以上的纯收入。除开那5%受客观条件限制只能依靠农业生产谋生的家庭，大部分农村家庭基本都可以实现兼顾务工与务农的"半工半耕"家计模式。通过"半工半耕"，农民可以获得两份家庭收入，父母或者妻子在家种地并从事一些副业生产所获得的收入，通常可基本满足家庭日常开销，而外出劳动力年终带回的现金则可变为家庭储蓄，用于以后建房、子女读书等大宗开支。农民家庭只要合理安排劳动力，不仅可以很容易摆脱贫困，还可以积累财富实

现家庭再发展。村庄中还有20%的家庭，往往从打工开始，经过积累资金或者习得技术，最终转型开门店、做包工头、搞运输等，从而变成农民中的富裕群体。

正常的农村家庭只要不是运气太差，如遭遇病痛之类，就基本可以实现"半工半耕"的家庭经济结构。也就是说，只要足够勤劳，普通农民过上衣食有保障且有现金结余的农村中等收入群体的生活并不难。正因为如此，改革开放以来中国农村的中等收入群体规模才得以迅速扩大，改变了农民长期挣扎在温饱线上的普遍贫困状态。

中国的农村内部已经形成以"中等收入家庭"为主体的橄榄型结构。在整体农村社会结构状况调整过程中，以土地集体所有制为核心的农村基本制度发挥了根本作用。如前面指出的，因为有了人均一亩三分地，那些5%的无法向外输出劳动力的家庭也能获得基本生存保障。因为实行了土地公有制，中国农村不存在赤贫户，这是世界其他土地私有制国家所不具有的制度优势。另外，对于农村75%的"中等收入家庭"而言，户均不过10亩的土地对于维持其生活和促进其发展，也至关重要。随着农村税费取消，农业生产剩余几乎全部留给农民，同时国家还不断加大农业方面的投入，以期改善农业生产条件和促进农民增产增收。农业收入是农民家庭收入的重要部分，是"半工半耕"两条腿中不可或缺的一条腿。有了"半耕"的支撑，不但农民家庭收入直接增加，而且为农民城市务工提供了稳定的退路。

受市场经济规律支配，城市吸纳了中国农村大量的人财物，而与之同步的却是农村贫困人口大幅度减少。其原因在于，以土地公有制为根基的中国建立起了"保护型"城乡二元结构。一方面，当前农民可以自由流向城市就业而不受制于任何制度障碍；另一方面，国家一直坚持将农业生产资料配置给农民的土地制度设置，以便为留在农村的农民保留更多的农业生产剩余。

坚持将农业机会和土地生产资料留给农民的制度理念，构筑起防范资本大规模下乡的防火墙，如此才能够维系农民"半工半耕"的家庭收入方式，以及建立在此基础上占农村人口75%的稳定的中等收入群体。有了"半工半耕"的家庭结构，农民进可攻、退可守地参与当前城镇化进程，幸运者进城落户定居，失败者也可退回农村过上体面生活，以此保证了农村贫困人口规模自发减少。在此基础上，再通过政策兜底和扶贫行动逐步解决剩下5%的农村绝对贫困人口的生活难题，将有效的扶贫资金投给最需要的人群，实现扶贫政策的精准落实。

2016年10月

"内置金融"的功能

"内置金融"是"三农"问题专家李昌平推行的一种乡村建设方案。李昌平认为,目前的乡村发展受制于两方面困境:一是组织困境,一是金融困境。改革开放以来,乡村基层组织逐步丧失对农民的组织动员能力,基层治理困难,即使国家向农村投钱搞建设也难有进展。正规金融机构没有办法与分散的农民打交道,农村资源资产不能变活,乡村与城市的差距拉大。李昌平主张在农村建立"内置金融",既解决农民组织问题,又解决农村金融问题。

2011年,李昌平已经将"内置金融"的想法付诸实践,他注册成立"乡村建设院",联合一批乡村建设、乡村规划和"三农"工作者,为不少地区基层政府提供乡村建设服务。"乡村建设院"除了提供乡村建设建筑规划服务之外,其项目服务的核心是帮助当地乡村成立"内置金融"合作组织。与一般的乡村规划师相比,李昌平是一位懂"三农"、有农村工作经验的实践者,他从乡村治理的角度思考乡村建设问题,能够提供其他乡村规划师所不能提供的思路。

"内置金融"在信阳市平桥区的郝堂村落地。2011年,郝堂村成立"夕阳红"养老资金互助合作社,合作社最初发起人7

位，包括1位村党支部书记、1位村委委员、5位乡贤人士，每人入股2万元，作为发起股。2位乡村建设者分别投入5万元和2万元，作为社会股。当地政府入股20万元、村委会入股2万元。合作社规定60岁以上的老人每人可入股2000元。合作社以年息13%（现降为12%）向本村村民借贷（高于银行同期利息），收入的40%用于分红、40%用于积累、10%作风险金、10%为管理费。发起股、社会股和政府股不参与分红。随着合作社盈利能力增加，后来优先股和社会股开始拿一部分利息。

第一年，老年人不太信任合作社。第一批入社的15位老年人多是7位发起人的亲属长辈。合作社第一年（10月成立，12月分红）给每个入社老人分红300元，并邀请乡镇、村委会召开分红大会，现场发放现金红包，宣传效果很好。从第二年开始，郝堂村老年人陆续入社。分红最高的一年达800元，2018年是500元。为了保证分红水平，合作社将入社年龄标准提高到65岁。2013—2014年合作社资金规模最高达到600万元，后降到300万元左右。不到10年间，合作社累计分红100万元，提取积累资金96万元。

合作社的成功运转，依托其内部管理机制。合作社有理事长1名，理事若干。合作社限定向本村村民（户籍为本村）贷款。每位贷款申请人需要找到两位入社老人和一位理事担保，早期规定单笔贷款不超过5万元，后提高为10万元，每位理事担保总额度不超过30万元。申请人同时需要林权证和房产证作为抵押物（郝堂村为山区，每户确权林地面积达几十亩到上百亩）。村庄是熟人社会，每个申请人的贷款理由、还款能力、信誉等容易知悉，再加上担保和抵押，基本可以消除贷款风险。合作社"内置"于村庄熟人社会，具有正规金融机构无法比拟的优势。

2009年，郝堂村被确定为平桥区的"美丽乡村"建设点之后，政府大力投资基础设施，扶持当地发展乡村旅游。目前，郝堂村以红星组为中心，由5个村民组开展乡村建设，发展农家乐和民宿80多家，郝堂村旅游形成一定气候。在乡村建设过程中，合作社向村委会发放贷款，用于土地整治开发，另外，还向发展农家乐的农民放贷用于改造房屋。合作社资金主要用于这两方面。

郝堂村被政府打造成为当地的"亮点村"。据悉，政府向郝堂村累计投入的公共建设资金超过4000万元，包括铺设村内柏油路，建设小学、图书馆、养老中心、接待中心、公共厕所，河流治理，以及建设村自来水和污水处理设施等。政府还给予郝堂村建设用地指标若干亩，村委会通过对外出售土地获利不少。另外，在农民改建房屋、发展农家乐和民宿方面，政府给予大量资金补助。总的来说，如果离开了政府投入，郝堂村就走不到今天。郝堂村在平桥区属于特殊案例。

"内置金融"起到了四两拨千斤的作用，撬动的主要是政府资金。郝堂村在发展最初期，通过建立养老资金互助合作社，一定程度上实现了对农民的组织和动员。地方政府投入项目资金时，普遍存在"最后一公里"的问题，即由于没有很好地动员组织农民而出现农民要么不关心要么争夺利益的问题。"内置金融"试图将农民组织起来，承接国家资源投入。从这个意义上讲,"内置金融"的本质在于促进基层组织重建,其金融功能变成组织手段。

站在全国来看,只有极少数村庄能够像郝堂村那么幸运,成为政府青睐的"亮点村"。郝堂村建设得越好,能够投入到信阳市其他村庄的资金就越少。因此,学习郝堂村建设,应当重点学习其组织动员农民的办法。

一段时间以来,农民的组织性越来越弱,基层走向了"政经分离",土地被长期承包,集体资源资产被处置,集体管理能力虚弱。离开了集体经济组织,基层自治组织就会变成空壳,而空壳基层组织不能为农民办事,村级形成不了公共治理能力。

客观而言,全国大多数村庄不可能建设得像郝堂村那么好,因此需要从形成组织动员能力的方面入手,来强化基层治理能力。在具体操作上,一是要减少像郝堂村这类集中资金打造亮点的做法,乡村建设在资金投入时要照顾到面上。在面上投入资金,想要取得效果,关键是找到好的投入机制。有一些值得尝试探索的做法,比如,从组织动员农民和改善农村养老的角度推广"内置金融",政府可以拿出一部分钱作为原始股金,成立养老互助合作社。

二是要重建"政经一体化"关系。"内置金融"要实现内置性和持续运转,需要与基层组织结合起来,淡化其"金融性",强化其"公益性"。建议财政向每个村转移一部分经费,用于村庄内部公共事务开支。村级有"活钱",治理才有活力。全国有不到60万个行政村,中西部地区一般农业型村庄按照50万个计算，每个村每年5万元，全国不到300亿元。这笔钱可由中央财政来出。

三是要强化集体经济组织的管理能力，借助土地确权、土地整理和村庄环境整治，集中清理集体公共资源，让集体所有权落到实处，这样既增加集体收入，又激活集体公共治理能力。

在快速城镇化的今天，乡村相对于城市，发展滞后是必然的。要解决今天农民所面临的无组织问题，农民应该组织起来与国家对接，而不是与市场对接。中国的前途在于城镇化，而城镇化是不可逆的趋势，今天农民需要组织起来承接国家资源输入，实现基层有效治理。"内置金融"在解决农民无组织问题上是有价值的，其"金融性"反倒不是重点。

2019年6月

农村移风易俗

近些年，一些地方政府引导农村移风易俗，出台"酒席新规"，引发热议。一些网友和专家认为政府管得太宽，有人甚至还上升到公权力边界和私生活自由的高度，批评政府的做法。然而人情风气之甚，已成为很多地区农民无法承受之痛。我在全国调查，不止一两回听到农民希望政府能像管干部那样出台针对农民的"八项规定"。

2015年我们到湖北省秭归县调查贫困问题。秭归县是国家级贫困县，全县38万人口，2015年建档立卡贫困人口近6万人，2.2万户。当地农民家庭收入中约有三分之一用于人情支出，部分家庭达到一半。每年农历11月到次年正月都是农村办酒席高峰期，我们调查期间，每个村民组（约80户）几乎每天都有家庭办事。当地的风俗是同一个村民组每户基本都要到场贺喜，目前送礼的标准是每次送200元，特别贫困的送100元；再就是亲戚，姑舅姨一类至亲送1000、2000、5000元不等，也有少数送万元的；最后是朋友，送三五百元不等。

一个普通家庭维持的三种人情关系加起来200户左右。当地人认为，每个家庭大致五六年左右办一次事比较正常。按照五年的频度算，若每个家庭每年需送出40次人情礼金，则一年需要支出一两万元。秭归县正常家庭的人情支出高于贫困线5倍以上。我们在调查时，很多人都反映："我们这里绝对贫困的很少，多数是相对贫困。"所谓"相对贫困"，很大程度上就是人情负担过重，造成很多农民家庭缺乏发展积累甚至入不敷出。

人情支出在当地人生活中也是刚性的。民间有句口头禅，"人情大于债，头顶锅儿卖"，就是说，人情有时甚至比吃饭还重要，饿肚子可以忍一忍，人情不走，关系不维持，就意味着社会性死亡，被谁都看不起。

但秭归当地农民都抱怨人情支出越来越不能承受。有农民反映，2000年以后人情风俗开始变化，最近五六年尤其明显。如今秭归农民办酒席的名目大致包括：结婚、老人去世、盖房、乔迁、店铺开业、考大学、参军、生孩子、孩子10岁生日、成年人36岁以及50岁以后每10年的生日等，名目繁多。再加上人情标准逐年上涨，造成人情负担不断加重。我们看过几户人家的人情礼簿，上面显示2008年左右，乡情每次20～50元，2010年以后涨到50元，现在是100元都"送不出手"。亲戚之间的人情涨幅更大，现在一般是1000元起。

人情风随社会情况变化而变。按照农民的说法，2000年以前，人情项目少，并且办酒席有规矩。最典型的是老年人的丧事。

老年人的丧事在全国都有一套比较严格的风俗习惯，除了一些民间信仰方面的仪式活动之外，最重要的是完成丧葬一类公众合作事务。比如，有些地区禁止本姓氏的人参与抬棺，目的大体是要建立不同姓氏家族的良好关系。秭归地区一般是本村民组的所有家庭都有义务参与丧葬帮忙，人民公社时期建立的"队为基础"这一农村基本生产生活社区单元，目前在很多地区还有效。

总的来说，传统的人情仪式活动包含一定实质性功能，并建立与当时生产生活需求相匹配的一套规矩。有规矩、有内容、有意义的人情仪式活动就形成了一个地区长久延续的风俗。仪式如何办，谁来参加，主家如何操持，乡亲如何帮忙，客人如何款待，人情送多少等等，都有章可循。

比如，20多年前，秭归有老人过世时，本村民组的人需要帮忙而不需要送人情，少数关系好的可以给主家送一条烟而非现金。再者，比如老年人过60岁生日时，一般由儿子女儿侄儿侄女等向老年人表达孝心，亲属之外的人不参与。其他的如孩子满周岁、建房子等，也都有一套特定的仪式以及人情规矩。长时间延续的人情风俗产生于实际生活，也与生活条件相适应，人情不是凭空发生的。

2000年之后，人情脱离其背后的生活之实，在发生变化。最明显的是丧葬，过去丧葬是有宗教禁忌和充满悲伤的事情，现在却办得与婚嫁喜事一样热闹。将老人入土安葬这一环节不再是重点，办酒席和收人情成了白事最重要的部分。无论红白事，现在很多事情都可以获得市场服务，比如哭丧变成请乐队，办酒席可以去酒店或者由专业厨师提供服务，而过去办酒席一般由本村民组的妇女和半业余的厨师帮忙。脱离仪式和功能目的之后，人情就空剩金钱上的往来。

这种人情之名实分离所带来的根本影响是，人情变得越来越没有规矩和约束。什么事情可以办，怎么办，谁参加，如何参加等，过去受到一套约定的社会习俗的规范，人情仪式与日常生活深嵌一体，日积月累成为社会良俗，生活其中的人才能从心而不逾矩。

现在人情丧失规矩约束，越来越乱。比如，过去很少有人办10周岁生日，现在有一户人家办了，大家都要跟着办。因为长期的人情交往一般要维持礼金的平衡，办事的人收礼，送礼的人也会找机会将人情收回。传统生活中，通常只有婚丧嫁娶等几项每个家庭都会经历的大事才会操办酒席，并进行人情往来。为了维持人情平衡，在严格的规矩下也会预留一些变通的余地，比如一个家庭因为特殊情况可能一二十年没有机会办人情，就在50岁生日时办酒席，相当于在人情往来中通过"找补"达到平衡。一般家庭不会利用这些名目办酒席。

规矩弱化之后，这些仪式上的变通成为人情异化的突破口。该办酒席的办，不该办酒席的也办；有机会办酒席的抓紧办，没有机会的找机会办。所以就出现正常的婚丧嫁娶之外，其他名目繁多的酒席活动，以及"白事与红事一样办""小事与大事一样办"的现象。人情是个网络，来而不往非礼也，其结果是，办事越多收情越多，办事越少收情越少。收情多也要送，收情少也要送，最终就出现人人争着办酒席的现象。

实际上，办酒席是要付出成本的。秭归现在办一桌酒席加上烟酒支出大概三四百元。维持200户人情关系的家庭，办一场酒席可以收取五六万元，除去酒席成本2万元，可以赚取三四万元。问题是，赚取的这三四万元最终是要还回去的。按照5年办一次酒席的频度计算，相当于每5年请亲朋好友聚餐一次。每个农民都知道办酒席最终是要亏的，但是越是不办亏得越多，因为办或者不办酒席都要送礼金出去。最终陷入"人人办酒席人人亏""明知道亏也得办"的怪圈。

另外一个不好的风气是最近五六年兴起的。在秭归，酒席规模大小反映人际关系范围大小，当地农民认为办酒席来的人越多，自己面子越大。随着农村打工经济兴起，家庭之间收入差距扩大，经济收入好的农民，为了面子，将人情圈子范围扩大。我们调查发现，村里的一个包工头去年办事一次性收礼金60多万元，听说其他乡镇还有收90多万元的。高收入者是打破传统人情风俗的主力，他们的面子竞争行为加剧了人情仪式的名实分离。人情名目增加、礼金标准提高、人情范围扩大，被牵涉的普通家庭的大部分收入都消耗其中。

最近一二十年农村变化翻天覆地，传统风俗日渐崩溃，人情风兴盛是一例。偏离规矩、丧失功能、淡化意义的人情仪式，在部分地区从良俗走向恶俗。恶俗不能持久。可以预见的是，当人情的功能从传统的感情表达、人际维系和社会互助等，逐渐走向敛财和竞争消费之后，最终是不能维系的。脱离生活实际和功能需求的人情风，最终会消耗掉人际交往和社会秩序的基础。很多时候，社会秩序未必能朝着良好方向自发演化，不要等到人情崩溃和人心散了之后再来收拾。既然农民都呼吁要管一管，政府就有责任在这方面有所作为。

2017年1月

乡村儒学如何可为

当前欲将儒学运用于乡村建设，必须挖掘儒学"活"的资源。乡村儒学与乡村建设的关系即是，在乡村建设中注入儒家伦理精神，探索改造乡村生活方式，可以让农民的日子过得富有价值和尊严。

从价值意义角度讨论农民生活，这涉及儒学或者说中国文化的最深层次内涵，即中国人的本体价值是如何满足的。我们常说中国没有宗教，却不能说中国人没有对生命价值的追求。我们每个人活着都有一个"终极关怀"的追问。梁漱溟先生认为我们中国人的伦理生活具有宗教性价值，即"以道德代宗教"。我们讲伦理本位，讲礼乐传统，都构成解释这个问题的很好的理论资源。现在探讨儒学与当代乡村建设的关系，需要考察农民如何从伦理生活中实现其终极关怀的信仰问题。

前几年，农村出现一个非常突出的问题是老年人自杀趋势上升。这种情况与当前农村社会的空心化状况有关，显示出农村社会建设和文化建设的不足与紧迫。所以，我们要进行乡村建设，要探索中国文化传统富有生命力的新形式。这就需要乡村儒学在当代有所为。

乡村建设的精髓是发动群众，开展乡村建设工作的第一步是要找到可依赖、可发动的农民群体。当前农村的主体人群是"三留守"人员，乡村空心化是城市化过程中必然出现的。在城市化的大背景下，要区分乡村建设的最高目标和最低目标。首先要搞清楚的前提是，留守人员可以做什么？有人提出依靠他们去抵抗资本，还有人期望他们来复兴中华文明，但事实上这些目标都定得太高，很难实现，我们不妨从最基础的做起。比如，造成当前农村老年人自杀最根本的原因是老年人不被子女尊重，他们做人的尊严得不到保障。进行乡村建设，减少老年人自杀，让老年人活得有尊严，这些底线要求可以做到。我们自己也从事乡村建设试验，例如10多年前在湖北的4个村建设了老年人协会，维持至今。其中的方法比较简单，在每个村给老年人建设一个活动场所，老年人每天都去娱乐，每天都去见面，在那里聊天、打牌、唱戏、扭秧歌，效果很显著。

在农村建设老年人协会或者是儒学讲堂，核心是将理念上、典籍中的儒家文化转化为能被农民理解、接受的生活习惯。真正有生命力的乡村儒学需要以社会组织的形式存在。传统村庄不仅是地域意义上的团体，而且也是一种具有公共价值生产能力的社会组织。围绕乡村建设底线目标，儒学的可为之处在于重塑有道德规范的乡村公共生活。

我们在农村调查中发现，哪个村庄有一棵大树，那个村的老年人自杀率就可能会比较低。为什么？因为有大树意味着这个村有传统，只有一两百年以上的村庄才能够长出大树。村庄有大树的地方，农民傍晚时候会聚在那里一起吃饭、聊天，老人小孩，不亦乐乎，这就形成了有文化的乡村公共生活。村庄共同体就在大树下形成。现在农民把房子建得很好,有了高墙大院,院子里面还养着一条恶狗,这时村庄公共生活便逐渐消失。公共生活与公共场所互为表里,当农民将家里客厅都装修得非常漂亮后,其他人就不愿意进去,因为进去会把你的客厅弄脏。无事不登三宝殿,农民串门的心理成本非常高,所以农村有一个公共场所非常重要。协会或者讲堂成为乡村中的公共场所,在其中所有人都是自由平等的,谁走谁来都没有关系。有了公共场所,就会形成舆论,道德规范就逐步生发出来,村庄生活就会逐渐恢复其公共价值性。

在当前主流话语中,"乡村"作为与城市生活方式不同甚至对立的形象出现,它象征着传统、原生态和反资本。重建乡村儒学,既是为乡村建设注入文化力量,也是为儒学发展探索出路。开展乡村建设工作,首先需要我们找到农民的迫切需求。要从农民的角度出发,找到农民最需要的,从而确定乡村建设的底线目标,给予支持,让农民自己去"灿烂"。

2014年12月

城镇化与乡村振兴衔接

新型城镇化与乡村振兴是全面建成小康社会和推进社会主义现代化建设事业的两项重大战略举措。改革开放以来,我国城镇化持续发展,城乡关系不断调整。在过去的40余年中,城市发展速度超过了乡村,城乡差距不断拉大,逐渐形成城市与乡村发展不平衡的局面。缩小城乡差距是解决当前社会主要矛盾的重点领域。在实践过程中,需要构建新型城乡关系,推动城乡融合发展。在理论上,需要探讨新型城镇化与乡村振兴的协同推进机制。

一、现代化进程中的城镇化与乡村发展

城镇化是一项系统性工程,涉及生产生活、社会组织方式和文化形态等多方面变化。结合全世界的规律看,城镇化一般分为三个阶段。首先是城镇化起步阶段,农业在国民经济中占主导地位,乡村人口占绝大比例,城镇数量少,城市建设水平低。其次是城镇化加速阶段,人财物等社会要素快速向城市流动,城镇建设高速发展,"城市病"与乡村空心化问题同时出现,城市富有活力而乡村相对滞后。最后,到达高质量城镇化

阶段时，经济社会结构趋于稳定，第二、三产业在经济中占主导地位，城市人口占绝大的比例，乡村面貌改善，农业人口与农业生产的要求匹配，一部分城市人口向乡村返流，存在一定规模的"逆城市化"现象。上述三个阶段依次更替，在此过程中，城市与乡村关系从平衡走向失衡，再走向现代意义上的平衡。[1]

目前，我国处于第二个阶段。正在发生的高速城镇化，对于乡村发展有利有弊。一方面，城市发展的好处溢出到乡村，为乡村发展注入动力。改革开放之后，我国乡村被社会整体发展所带动，乡村经济社会的绝对水平提升，农村生产力进步，农民生活水平提高，亿万农民脱离贫困，消除农村绝对贫困将很快实现。另一方面，城市存在虹吸效应，对于乡村发展也带来了一些负面的影响。比如大规模城镇化在农村引发了"三留守"问题，农村出现生态环境恶化现象，一些地区的农村基层治理能力下降。当前，我国乡村发展存在很多明显的不足，它是我国全面建成小康社会的短板，"我国仍处于并将长期处于社会主义初级阶段的特征很大程度上表现在乡村"。[2]

乡村最大的短板是与城市发展的差距过大。不过，城乡发展的不平衡，本质上还是由发展不充分造成。改革开放以来，我国经济持续保持高速增长，2017年GDP比1978年增长33.5倍，

---

[1] 王建军、吴志强：《城镇化发展阶段划分》，《地理学报》2009年第2期。
[2] 《中共中央 国务院印发〈乡村振兴战略规划（2018—2022年）〉》，《农村工作通讯》2018年第18期。

年平均增长9.5%。[1]2019年我国人均GDP首次突破1万美元。按照2015年世界银行划分的标准，我国位于中高收入国家行列，与人均GDP超过12475美元的高收入国家标准，还存在差距。[2]

改革开放后我国集中精力谋发展，人民日益增长的物质文化需要同落后的社会生产之间的矛盾逐渐被缓解。目前阶段，我国社会主要矛盾除了发展不充分之外，还存在着发展不平衡的问题。推动现代化事业建设，既要解决前一方面问题，也要解决后一方面问题，迈向高质量发展是根本出路。党的十九大报告指出，我国要"以经济建设为中心"，"大力提升发展质量和效益"。[3]

立足现代化建设总体目标来看，我国城镇化还有很大的提升空间，城镇化需要起到发展引擎的作用。国家从多个层面界定新型城镇化的重大意义。首先，推进新型城镇化可实现城镇化、工业化、信息化和农业现代化的相互匹配，促进"四化同步"。其次，城镇化本身构成我国继续发展的动力，实施城镇建设有利于完善经济结构、保持经济高质量发展和加快产业结构转型升级。在此，可通过城镇化来促进"三农"问题解决、实现区域协调发展和推进社会全面进步。新型城镇化是我国迈向现代化的重要途径。[4]

---

1 参见国家统计局综合司《波澜壮阔四十载 民族复兴展新篇》，《中国统计》2018年第8期。
2 参见叶浩、刘云《中等收入陷阱的特点》，《国际研究参考》2018年第1期。
3 习近平：《决胜全面建成小康社会 夺取新时代中国特色社会主义伟大胜利——在中国共产党第十九次全国代表大会上的报告》，北京：人民出版社，2017年，第11—12页。
4 参见《国家新型城镇化规划（2014—2020年）》，《农村工作通讯》2014年第6期。

补齐乡村"短板"事关全面建成小康社会大局。乡村在我国的建设发展中贡献巨大。改革开放后，乡村向城市源源不断地输送优质的劳动力，促进工业化发展和城市建设，还为城市输送粮食和其他农产品。乡村还多次化解城市发展过程中出现的危机。推进现代化建设不能忽视乡村的发展，因此国家适时提出乡村振兴战略，确定乡村发展的总体目标，并从"产业兴旺、生态宜居、乡风文明、治理有效、生活富裕"等五方面安排政策和部署工作。

在我国现代化建设过程中，新型城镇化与乡村振兴紧密关联。在总体定位上，城市构成我国现代化的发展极，乡村构成我国现代化的稳定极，前者是经济社会发展的引擎，后者是消化社会风险的制动器，城市拉动高速发展，乡村维系社会稳定，一动一静，共同构建起我国城乡发展相互促进的辩证关系。

二、新型城镇化方向与乡村振兴战略

《国家新型城镇化规划（2014—2020年）》将城镇化定义为"非农产业在城镇集聚、农村人口向城镇集中的自然历史过程"，城镇化离不开乡村的支持和支撑。反过来看，乡村发展也离不开城市发展的带动。新型城镇化与乡村振兴需要结合起来统筹推进实施。

（一）新型城镇化的发展方向

现代化建设是一个动态实践过程，其动态性表现为城乡关系的调整变动。改革开放之前，在计划经济体制下，我国城镇化发展缓慢，城乡关系受城乡分割政策支配。改革开放之后，我国逐步建立社会主义市场经济体系，市场在要素配置中发挥的作用越来越大，城乡关系逐步受市场力量支配。改革开放之后，我国城乡关系从传统的"剥夺型"二元结构向"保护型"二元结构过渡。[1]在此之后，随着城乡统筹、城乡一体化和城乡融合发展目标的提出和实施，城乡关系向涵盖公共服务均等化、要素配置更具效率和社会发展更有活力的更高水平迈进。

城镇化背后的动力是生产方式的革新。改革开放之后，同时实现经济增长与城镇化率提升，我国城镇化率从改革开放初的低于20%升至2019年末的60.6%。城镇化之所以能够拉动经济增长，是因为各类要素在城市的聚集程度、组合方式和配置效率与乡村不同，城市具有更高的生产效率，比如城市规模大、人口多，具有规模经济优势，能够降低生产成本。另外，城市产业体系健全，能够形成完整的生产服务配套体系。在社会学和政治学视角下，城市构成一套与乡村不同的组织体系，城市更容易建立现代权利保护体系和现代治理体系，城市中的交易成本更低，具有公共品供给优势。改革开放之后，乡镇企业推动乡村发展，我国一度将小城镇建设作为战略，后来随着乡镇

---

[1] 参见林辉煌、贺雪峰《中国城乡二元结构：从"剥削型"到"保护型"》，《北京工业大学学报（社会科学版）》2016年第6期。

企业的消退,"离土不离乡"式的小城镇建设出现回落。这表明,现代城市建设必须遵循要素走向高度集聚的规律。

我国的现代化目标决定了城镇化方向。目前,我国城镇化建设还存在不少不足的地方。我国城镇化仍以粗放建设为主,存在的问题包括"摊大饼"式城镇化造成的土地资源过度占用、土地城镇化超过人口城镇化、城镇空间分布和规模结构不合理、农民市民化速度滞后、城市管理水平不高等。[1]党的十八大之后,我国正式步入新型城镇化阶段,确定"以人为核心"的城镇化发展方向。新型城镇化需要从"增量"和"提质"两方面推进。

1. 继续提高城镇化率。城镇化是社会进步的外在表现,工业化是推动社会发展的动力源泉,在城镇化与工业化之间存在着一定程度上的匹配性关系。改革开放后我国工业化与城镇化水平都实现大幅度提升,但前者超过后者。相关研究比较了我国与其他国家或地区的情况,发现我国城镇化率与工业化率的比值低于世界平均水平,城镇化水平滞后于工业化发展,出现了"浅度城市化"现象。[2]按照常住人口标准统计,我国现在的城镇化率刚过60%,"低于发达国家的80%城镇化水平"。[3]按照户籍标准统计,2019年末我国户籍人口城镇化率为44.38%,与其他同等发展水平的国家或地区的60%城镇化率存在不小的差

---

[1] 参见《国家新型城镇化规划(2014—2020年)》,《农村工作通讯》2014年第6期。
[2] 参见郑秉文《拉美"过度城市化"与中国"浅度城市化"的比较》,《中国党政干部论坛》2011年第7期。
[3] 《国家新型城镇化规划(2014—2020年)》,《农村工作通讯》2014年第6期。

距。按照新型城镇化规划，首先要从提高城镇化率入手，《国家新型城镇化规划（2014—2020年）》提出的"努力实现1亿左右农业转移人口和其他常住人口在城镇落户"预定目标基本实现。

2. 提高城镇化质量。农民城镇化不仅反映为在城镇常住和获得城市户籍，还包括在城镇获得稳定居所与稳定就业，实现收入与支出的匹配，以及能够在城镇完成劳动力和家庭再生产。这个过程也被称作"市民化"，"农民市民化是一项复杂的社会系统工程……是一系列角色意识、思想观念、社会权利、行为模式和生产生活方式的变迁，是农民角色群体向市民角色群体的整体转型过程"[1]。站在市民化实现的角度看，数量庞大的农民工处于"半城市化"状态，即"一种介于回归农村与彻底城市化之间的状态，它表现为各系统之间的不衔接、社会生活和行动层面的不融合，以及在社会认同上的内卷化"[2]。推进新型城镇化除了要打破户籍障碍，实施差别化落户政策之外，还要在农民彻底融入城市、享受城镇公共服务、增加城镇就业岗位和提升进城落户农民收入等方面做工作。

（二）乡村振兴的战略定位

显而易见，随着新型城镇化建设加快和城镇建设质量提升，城市对于乡村的吸纳效应会更加明显。在新型城镇化建设

---

[1] 文军：《农民市民化：从农民到市民的角色转型》，《华东师范大学学报（哲学社会科学版）》2004年第3期。
[2] 王春光：《农村流动人口的"半城市化"问题研究》，《社会学研究》2006年第5期。

过程中，数以万计的农民进城落户，不少农民工结束漂泊状态到城镇定居生活，农村生产要素会更大规模地向城市聚集。其结果是，城乡关系会发生更深层次的变化。站在乡村自身角度看，任由城乡差距扩大，不符合包容式发展的理念，不利于于社会主要矛盾的解决。因此，在推进新型城镇化的同时要实施乡村振兴战略，以解决城乡发展不平衡问题。中央确定了农业农村优先发展的总体方向，实现这一点，需要抓住以下4个关键环节。

1. 乡村承接国家资源下乡。在开放的现代社会体系下，城市和乡村通过市场手段连接，在市场体系下，农村人财物要素会自动地流向城市，城乡发展不平衡具有必然性。因此，需要用政策手段来平衡市场力量。国家通过财政手段向农村输入资源，现在每年"三农"财政投入达2万亿以上。国家财政转移支付起到了"再分配"和"再平衡"作用。国家向农村转移支付资源为其发展注入外力，在这过程中需要做到精准有效，推动乡村振兴的关键是提升资源下乡的效率。因此，要改善乡村社会自身治理能力，打通资金下乡通道，着力解决资源下乡的"最后一公里"困境，避免出现资金浪费。

2. 实现乡村再组织化。农业时代的乡村社会是一个相对封闭的社会单元，农民在村庄中建立熟人社会组织体系，应对生产生活问题。城镇化打破了村庄边界，农民之间的社会性联系弱化，传统家族组织不起作用，乡村趋向原子化。农民是乡村振兴的主体，振兴乡村必须要将农民组织起来。只有将分散的农民组织在一起，才能够解决小农户与现代化农业大生产的矛盾，实现小农户与大市场的对接，才能够将千家万户农民的诉求与国家提供的公共服务连接起来。

3．推进农业现代化。与改革开放初期相比，我国生产力水平大幅度提升，农业生产力进步推动了农业经营方式和农业经营体系变化。目前，我国农业已经从一家一户分散经营，发展到小农户、专业户、合作社等多种主体经营并存，农业经营方式不断革新。另外一方面，我国农业生产经营也还存在着集体统筹经营能力弱化、土地细碎化、农业机械化和现代农业技术运用水平不高、农业经营效益受限等问题。农业是国民经济的基础，农业现代化是乡村振兴的有机组成部分。实施乡村振兴需要构建小农户与现代农业有机衔接机制，推动农业生产体系、经营体系和服务体系创新。

4．开发农业的多种功能。"农业不仅具有食品保障功能，而且具有原料供给、就业增收、生态保护、观光休闲、文化传承等功能"[1]，开发农业的多种功能是推进农业现代化和实施乡村振兴的内在要求。农村代表乡土文明，乡村振兴要做好乡村传统文化的传承发扬工作。在少数有条件的地区，开发农业多种功能，能够拓展农业产业链，延长农业价值链，为农民带来增收渠道。

三、城乡互动形态与乡村振兴策略

乡村振兴分阶段推进，2022年要实现"乡村振兴的制度

---

[1]《中共中央国务院关于积极发展现代农业扎实推进社会主义新农村建设的若干意见》，《农村经营管理》2007年第3期。

框架和政策体系初步健全",2035年"乡村振兴取得决定性进展,农业农村现代化基本实现",2050年实现"乡村全面振兴"。[1]实施乡村振兴战略,除了考虑时间维度之外,还要考虑到我国经济社会发展的空间不均衡形态。我国城市空间分布存在明显的区域性特征,东中西地区经济发展存在明显差距,区域自然条件也存在不同之处。《乡村振兴战略规划(2018—2022年)》要求:"顺应村庄发展规律和演变趋势,根据不同村庄的发展现状、区位条件、资源禀赋等,按照集聚提升、融入城镇、特色保护、搬迁撤并的思路,分类推进乡村振兴,不搞一刀切。"

按照与城市的距离远近,我国村庄大体分为两种类型,分别是近郊村庄(包括城中村)和偏远村庄。随着新型城镇化推进,城镇向外不断扩张,城市的吸纳能力增强,城乡空间边界发生变化。从城市与乡村的实质关系来看,我国村庄大体分为具备城镇化潜力的村庄和不具备城镇化潜力的村庄。综合起来看,未来一定时期内,我国村庄大体分为四种类型,乡村振兴要做好分类施策。

首先是近郊地区的村庄建设。改革开放之后,我国城镇数量增加,规模扩大,形成了一大批特大城市、大城市和中等城市。我国城市建成区面积从1981年的6720平方公里扩展至2014

---

[1] 《中共中央 国务院印发〈乡村振兴战略规划(2018—2022年)〉》,《农村工作通讯》2018年第18期。

年的49982.7平方公里，增长6.44倍。[1]城市建设在空间上平面推进，尤其是在一批特大型城市的建设过程中，完成了对周边农村土地的连片征收，这使得一部分村庄变成城中村，还有一部分变成城郊村。这两类村庄与城市靠近，城乡之间的物理边界模糊，单个城市的人口规模达数百万甚至千万以上，村庄生活受到城市的强烈辐射。很大程度上来说，近郊村庄与城市的区别在于"建制"方面，二者在生活系统上高度融入。近郊村庄占比为5%～10%。

近郊村庄的特点是本地人口大量移出，村庄房屋出租给外来务工农民生活。本地农民基本退出农业生产，土地流转程度高。近郊村庄建设需要围绕当地城市发展规划来综合考虑。一部分村庄在远景规划中被纳入城市范围，成为城市建设预留区，这部分村庄需要控制建设，减少无谓投资。还有一部分村庄被规划为城市建设保留区域，这部分村庄构成城市的"后花园"，成为市民下乡接近自然的去处。总体来说，近郊地区的粮食生产功能弱化，本地居民基本实现市民化，村庄变成城市绿地，在城市辐射带动下，近郊村庄可朝着城市"郊野公园"方向发展，为市民提供公共休憩空间。

其次是城镇化带的村庄建设。一定区域范围内的不同城镇建立起紧密联系，就变成了城镇化带，城镇建设实现从点到面的跃进。城镇化带建立在资本密集、工业化程度高和人口密

---

[1] 参见方创琳、李广东、张蔷《中国城市建设用地的动态变化态势与调控》，《自然资源学报》2017年第3期。

集的基础上。改革开放后我国长三角地区和珠三角地区率先进行工业化建设,均已形成一定规模的城镇化带。这类地区的城市与村庄相互交错,园区与生活区相互嵌套,外地人口大量涌入,城乡联系高度紧密。与特大城市和大城市郊区的村庄不同,城镇化带地区的村庄数量庞大,本地人口较多,当地村庄还保留一定的乡土色彩。这类村庄占比为20%左右。

城镇化带地区的农业人口短期内不能全部实现市民化,该区域保留农业生产的功能,村庄向城市供应生鲜农产品。在这类地区开展建设,可在完善公共服务配套的同时,适度开发农业的综合功能,在少数资源条件优越、交通便利的村庄发展乡村旅游,适度开发乡村服务业。

再次是一般村庄建设。我国大部分中西部地区农村属于一般村庄,占总体比例50%以上。这种类型的村庄保留有很强的农业生产功能,在保障粮食安全和农产品稳定供给方面发挥关键作用。与此同时,这类地区也向外输出大量的农村青壮年劳动力,是农民工的主要来源地。在广大中西部地区,农业基础性功能很重要,另外,又通过劳动力输出和人口城镇化等方式与城市建立联系,人财物不断流向城市。这种类型的村庄建设是实施乡村振兴战略的重中之重。

对比来看,一般村庄既无法像前两类村庄那样,直接分享城镇建设的好处,同时,又不能对城市保持封闭。这种类型的村庄建设,需要着重处理好对城市开放与保持自身主体性的关系问题。一方面,要鼓励农民外出务工,拓宽农民收入渠道,并从政策上打通农民市民化道路,允许农民自由进城落户。另一方面，要通过村庄建设来巩固农业基础地位，实现乡村稳定和可持续发展。当前，这类村庄存在"三留守"、农村基础设施落后和农村公共服务不健全等问题。占全国农村多数的一般村庄，总体上应保持"底线建设"思维，通过乡村建设"为那些在城市务工、多次返乡的农民工提供体面生活的基本条件、基础保障"[1]。

最后是空心化村庄建设。村庄的空心化分为两类。第一类是城镇化所致。一部分中西部地区村庄人口大量外流并进城居住，村庄人口数量减少，年龄结构老化，村庄经济社会体系衰退，造成人口空心化。第二类是资源禀赋条件所致，主要集中在西部高寒山区，典型的是国家划定的14个集中连片特困地区的村庄，这类地区村庄的发展受自然条件限制，部分村庄因内部再生产能力不足，造成经济社会发展落后，形成整村贫困。这两类村庄占比20%左右，它们的发展方向是搬迁撤并。《乡村振兴战略规划（2018—2022年）》规定，"对位于生存条件恶劣、生态环境脆弱、自然灾害频发等地区的村庄……以及人口流失特别严重的村庄，可通过易地扶贫搬迁、生态宜居搬迁、农村集聚发展搬迁等方式，实施村庄搬迁撤并"。针对这两类村庄，可利用好土地综合整治方面的政策，引导村庄走向自然消亡。

结合以上分析，站在城乡互动差异的角度上，将四类村庄的特征和建设方向进行归纳，见表1。

1　贺雪峰：《农村建设要有底线思维》，《人民日报》2014年2月14日第05版。

表1 四类村庄的特征和建设方向

	近郊村庄	城镇化带村庄	一般地区村庄	空心化村庄
城乡关系	城市辐射村庄	城乡一体化	农民工往返	农民工往返
人口特征	农民市民化	外地人口涌入	人口流出	外流或贫困集聚
农业性质	综合功能	生鲜农产品供给	粮食供给	自给自足农业
建设方向	城市"后花园"	乡村综合功能	底线建设	自然消亡

四、新型城镇化与乡村振兴的协同机制

新型城镇化与乡村振兴战略，构成我国推进现代化建设的双轮驱动，城市建设与乡村发展相辅相成。协同推行新型城镇化与乡村振兴战略，需要抓住如下七个关键环节。

第一，处理好市场与政府的关系。城乡互动表现为人财物要素在城镇和农村之间的流动与重新配置。结合其他发展中国家的城镇化建设过程来看，城镇建设存在两种主导形态。第一种是完全按照市场方式配置资源，乡村对城市完全开放，城市源源不断地吸纳乡村。在城镇化过程中，农村人口流出，与此同时，城市资本下乡兼并土地，致使农村人口无法返乡，滞留城市，城市进而出现贫民窟。这种类型的城镇化建设阻碍经济社会持续发展，甚至造成政治上的动荡。具有代表性的是南美洲国家的城市化。

中国走的是另外一条城镇化道路。党的十八届三中全会

提出,"使市场在资源配置中起决定性作用和更好发挥政府作用"。[1]一方面,中国在改革开放之后逐步引入市场机制来配置资源,建立城乡统一的劳动力市场,加大对进城务工农民权益的保护力度,通过政策和法律改革实现了同工同权,形成生产要素的市场化配置方式,提升了资源配置效率。另一方面,在推进城镇化的过程中,政府对乡村采取了保护型政策,限制城市资本下乡,避免农民失去土地,维持乡村社会稳定。我国改革开放后取得的发展成就表明了第二条道路的正确性,下一步在政策上要继续坚持"市场配置＋政策保护＋财政转移"的农村发展思路。

第二,坚持渐进式的城镇化政策。推进新型城镇化,既要解决城镇化滞后问题,又要避免城镇化超过工业化而出现过度城镇化问题。推进新型城镇化要与产业发展和产业升级匹配。改革开放以来,我国采取渐进的城镇化政策,逐步放开和扩大农民进城落户政策,同时,又允许农民在村庄保有土地和居住权利,为进城失败的农民保留退路,在城市和乡村之间为农民建立可进可退的机制。[2]一部分经济收入高、能力强的农民顺利进城落户,实现向市民身份的转变,还有一部分没有能力进城和进城失败的农民,留在乡村从事农业生产,过上"不差"的

---

[1]《中共中央关于全面深化改革若干重大问题的决定》,《人民日报》2013年11月16日第03版。
[2] 参见夏柱智、贺雪峰《半工半耕与中国渐进城镇化模式》,《中国社会科学》2017年第12期。

生活。农业收入来源和熟人社会支持，以及国家提供的相对完善的公共服务体系，这些使得乡村拥有构成完整社会秩序的劳动力再生产空间。现代化存在未知风险，未来发展有一定的不确定性，需要发挥"三农"的压舱石功能。在此意义上看，城镇化需保持渐进思路，不宜引导农民通过土地和房屋变现来换取进城资本，避免出现不可逆的城镇化。

第三，坚持农村土地制度改革底线。土地制度是国家的基础性制度。城乡关系变化推动农村人地关系调整，而建立新型人地关系是城乡融合发展的关键。农村土地制度改革需要顺应农村人口流出趋势。一段时间以来，通过土地承包经营和农村宅基地划分，我国逐步形成农村集体土地的均平化占有形态，地权细碎、地块"插花"，不利于土地优化利用。当前，一些地区存在土地抛荒现象，这与土地细碎化格局有关。推进新型城镇化和实施乡村振兴战略，需要解决农村土地制度矛盾，缓解土地占有分散与农业生产经营要求土地相对集中之间的张力。中央已经部署多项土地制度改革任务，如农村承包地和宅基地"三权分置"。坚持集体所有制是农村土地制度改革的底线，推行农村土地"三权分置"需要强化集体土地所有权，发挥农村集体经济组织在土地资源配置中的功能。

第四，区分乡村振兴战略与策略。乡村振兴作为一项长期战略，规划到2050年。中央提出乡村振兴战略之后，各地政府将其当作中心工作来抓，纷纷制定本地乡村振兴规划。在实施过程中，一些地区的基层政府缺乏战略眼光，只做短期规划，只抓眼前工作,缺乏长远预期,将战略性工作变成战术工作。[1]不少地区基层政府将乡村振兴这项复杂的工作简化为乡村产业发展任务,重点发展乡村旅游、建设民宿和推行一二三产业融合。同时,还存在地区之间缺乏协同、同质化竞争严重与政府投资效率低下等问题。各地开展乡村振兴工作,要做好战略与策略的区分,先抓战略,再因地制宜地选择本地策略,条件不具备的地方避免不切实际地发展乡村旅游。

第五,控制资本下乡。城市资本下乡,可为农村带入新的生产要素,一定程度上促进了乡村发展。但是,资本下乡要保持在一定的限度内。在未来的一段时期内,农村还会存在大量的劳动力和半劳动力,因此工商资本进入农业需限定在产前产后环节,将产中环节留给那些不能进城的农民和暂时未转移的农村劳动力。农业生产剩余有限,应避免工商资本从农民那里"分蛋糕",要严格审核农村土地流转手续,严禁城市资本圈占农村土地。

第六,推行乡村治理体系建设。第二、三产业向城市集聚是经济发展的客观规律,绝大部分村庄不具备发展工业和服务业的条件。在不同类型村庄实施乡村振兴,侧重点应有所不同。少部分靠近城市的村庄,可利用市民对乡村的消费需求,发展乡村服务产业,实现产业兴旺。大部分村庄以农为本,乡村振兴的重点是实现有效治理。乡村治理能力提升是推进国家

---

[1] 贺雪峰:《城乡二元结构视野下的乡村振兴》,《北京工业大学学报(社会科学版)》2018年第5期。

治理体系和治理能力现代化的重要组成部分。振兴乡村需要构建农村基层现代化治理体系，强化农村治理主体，提升基层组织动员能力，激活村民自治，优化基层群众民主自治机制。

第七，提升县域治理能力。随着新型城镇化推进，县域城镇化带动农民城镇化率不断提高，大量农民集聚在县城，改变了城乡关系和基层社会结构。由于广大中西部地区的县域经济发展乏力，本地就业机会有限，县域城镇化给基层治理带来了新挑战。未来要着力提升县域治理能力，借助国家财政转移支付，提高县域公共服务能力和优化县域公共服务体系，降低农民县域城镇化成本。同时，要避免县域房地产过热，控制好地方债务。

2020年9月

在发展中消除贫困

贫困是一个复杂的社会问题,其成因是多维度的,对贫困现象的解释也是多维度的。普遍的观点认为,中国贫困人口迅速减少得益于经济的高速发展。农村普遍脱离贫困离不开改革开放后农民的大规模市场参与行为。

一、农村贫困的类型与成因

贫困源于社会财富总量不足。改革开放以来,我国经济持续发展,农村发展突破了对农业的依赖,农民摆脱了在狭小土地上"刨食"来维持简单家庭再生产的低水平均衡状态。与改革开放初期相比,农业经营收入在农民家庭收入中占比大幅下降,到2015年,农民人均可支配收入中的"工资性收入"达4600.3元,首次超过"经营性收入"4503.6元,成为家庭收入第一来源。农村家庭收入提高以及农民生活条件改善,得益于农民外出务工。

改革开放之后,通过农村经营体制改革,实施家庭联产承包责任制,农村剩余劳动力得到解放。同时,加速推进的工业化和城镇化进程,为农民提供了大量的非农就业机会。在多方因素的影响下，全国逐渐形成统一的劳动力市场，农民获得外出自由务工的市场条件和制度保障。如果说改革开放之前的农村贫困与农民"被捆绑在土地上"有关，那么改革开放后的农村贫困现象需放在农民参与市场程度日渐加深的背景下理解。

作为社会主义市场经济的重要组成部分，日渐成熟的全国统一劳动力市场具有以下特征。

一是制度上逐步趋向公平。目前我国流动人口管理制度、农民工权益保障制度、外来务工人员公共服务制度和农民进城安家落户制度等逐步完善，各项社会政策和权利权益制度正逐步与农民工的身份、地域和户籍等因素松绑，国家政策改革的基本方向是赋予农民与市民同等权利。

二是就业机会具有开放性。农民进城务工不仅存在各种可供选择的就业机会，可以自由择业，而且存在均衡的劳动力市场价格，基本实现了"同工同酬"。

三是劳动力市场分布不均衡。主要表现在两个方面，一是城乡不平衡，二是地区不平衡。非农就业机会集中在东部沿海发达地区和城市地区，农村劳动力从中西部地区流向东部沿海地区，从乡村流向城市。

市场是开放而公平的。农民的市场参与情况，取决于其参与能力和参与意愿。所谓参与能力，是指农民是否具备外出就业的客观条件，以及是否具备在劳动力市场中找到合适就业机会的能力。所谓市场参与意愿，是指农民是否具有离开土地以及到劳动力市场寻求就业的主观意愿。具备市场参与能力，同时具有市场参与意愿，是农民参与劳动力市场的必要条件。面对统一的劳动力市场，个体农民在参与能力与参与意愿方面存在差异，进而决定了不同农民家庭经济状况的差异。

基于农民的市场参与能力与市场参与意愿两重因素，可划分出农村贫困的四种类型，见表2。

表2 农村贫困的类型划分

	能力不足	能力足
动力不足	Ⅰ型贫困（动力、能力不足）	Ⅲ型贫困（动力不足）
动力足	Ⅱ型贫困（能力不足）	Ⅳ型贫困（意外贫困）

Ⅰ型贫困最容易区分，主要是指农村那些身体或智力上残障的群体，另外还包括孤儿以及独自生活而缺乏子女赡养的老年人等。这个群体多数属于"家庭结构残缺"，他们依靠少量的农业收入和政府救助维持基本生活，缺乏市场参与能力，也缺乏参与市场的动力，并且已经被纳入了农村最低生活保障救助范围，属于政策兜底对象。

Ⅱ型贫困是指，农村有一部分农民因为各种客观原因而无法外出务工，留村从事农业生产活动，又因农业收入有限，家庭收入不足以维持家庭开支而陷入贫困状态。比较典型的情况是家中有身体不好的老年人需要照料，或是子女正在读书，抑或是夫妻一方无法独立维持家庭生活，致使家庭主要劳动力被捆绑在农村。这种类型的贫困，有的是暂时的，譬如父母过世或是子女考上大学之后，两口子外出务工而迅速脱贫。还有一些则是长期不能脱贫，比如夫妻中有一方身体残疾，另一方则需要长期在家照顾。

Ⅲ型贫困是指，一些农民家里有充足的劳动力，但是他们却不愿意外出务工，而是"窝在家里"，仅靠小规模的农业经营来维持生活，造成家庭收入不足。

Ⅳ型贫困是指，有些家庭因为遭遇天灾人祸而突然陷入贫困，如家里有人生大病，或是在外出务工过程中发生严重工伤，还有一部分是从事经营活动失败。在这类贫困中，有一些情形与Ⅰ型贫困相似，如车祸造成家庭主要劳动力丧失。不同之处在于，Ⅳ型贫困主要是后天原因造成的，而Ⅰ型贫困多数存在着先天原因。

二、贫困的地区分布规律

改革开放后，借助于区位优势和便利的交通条件，我国东部沿海地区率先步入工业化和城镇化进程。目前东部沿海地区的工业化程度高，以长三角地区和珠三角地区为代表的部分地区城乡高度融合，形成了人口稠密、投资密度高和就业机会多的"城市化带"。相对而言，我国中西部广大农村地区则保持着以农业为主的形态，工业建设在空间上呈点状分布，主要集中在城市郊区地带。

工业化与城镇化在东部地区与中西部地区呈地域梯度分布形态，农民与市场距离远近因此存在差异。东部沿海地区的城乡边界模糊，农村与城市相互嵌套，农民与劳动力市场在空间上距离接近，而广大中西部地区的农民远离劳动力市场，需要跨市、跨省才能寻找到第二、三产业的就业机会。距离市场的远近直接影响到农民参与市场的积极性。距离市场越近，农民外出务工的交通成本越低，心理成本也越低，反之则越高。另外，跨地区流动不仅存在交通成本，而且还会给农民的生活带来诸多不便，如引发老人、妇女和儿童的"三留守"问题。东部沿海地区的农民距离市场近，在家门口就能够找到非农就业机会，容易形成"离土不离乡"的生活方式，他们参与劳动力市场，不会破坏家庭生活的完整性。

农民与市场的关系还受到农民市场参与意愿的影响。一般来说，东部沿海地区农民的市场参与积极性较高，这与该地区农民较早脱离农业生产有关。譬如，长三角地区在20世纪80年代初开启了乡村工业化进程，大量农民被吸引进入乡镇企业工作，土地变成"负担"，不少农民将承包地交还给农村集体经济组织，全心全意投入非农就业，较早实现"离土"。浙江是一个典型案例。改革开放之后，浙江部分地区农民就开始在全国从事商业活动，他们从"鸡毛换糖"开始，目前已经将经营活动从全国拓展到海外。早期的市场参与行为，不仅让东部沿海地区占据发展先机，还改变了当地农民的思想观念，破除了农民对土地的依赖。

广大中西部地区农民的市场参与，较东部沿海地区农民晚10到20年左右。东部沿海地区农民自20世纪80年代初便开始参与市场，一直持续到今天。广大中西部地区农民自20世纪90年代才开始陆续外出打工。大规模的民工潮形成于2000年之后，此时东部沿海地区的农民已经有一代人参与市场，他们在此过程中提升人力资本，形成较高的职业素养，部分人已经从"一线工人"升级为企业"管理层"，少数人直接从事企业经营活动，他们成为中西部地区初次外出务工农民的"老板"、"师傅"或"领班"。而中西部地区的农民因距离市场较远，外出务工较晚，人力资本积累不足。几方面叠加起来，造成中西部地区农民的市场参与程度较东部沿海地区农民弱。

东部沿海地区与广大中西部地区存在显著的差异，不仅如此，在中西部地区内部也存在差异。

一是城乡差异。广大中西部地区的大中城市近郊地带，受城市建设辐射，资本密集、工业化程度高、非农就业机会多，形成了不同于一般农业型地区的局面。中西部城市近郊地区，如武汉、成都的郊区地带的农民距离市场近，且市场参与程度较高，与东部沿海地区的情况类似。

二是地域差异。就算在中西部一般农业型地区内部，不同区域的农民市场参与状况也存在差异。中西部地区可以进一步分为"中部地区"与"西部地区"。"中部地区"的特点是农民自2000年就开始大规模外出务工，当前在这类地区的村庄中很难看到45岁以下的中青年人在村生活，农业生产活动主要由60岁以上的老年人完成。"中部地区"形成了青壮年劳动力外出务工、老年人在家务农的"半工半耕"形态，家庭内部以代际分工为主形式。"西部地区"的特点是农民自最近10年才开始大规模外出务工，这类地区的农民不习惯常年务工，他们在外工作的过程中常常请假回家，每年累积工作时长为半年左右,且他们不愿意放弃村庄里的农业生产活动,家庭常常形成妻子务农、丈夫务工的局面,家庭内部以夫妻分工为主形式。

对"东部地区""中部地区""西部地区"的划分,是一种区域类型划分,它在一定程度上对应于地理空间上的东中西部地区,但又不是严格对应。例如,我们将中西部地区大中城市近郊地区与长三角、珠三角等东部沿海地区划分为同一种类型,是因为两个地区的经济社会状况以及农民参与市场的情况相似。"中部地区"与"西部地区"在地理空间的分布上更加复杂,例如,湖北大部分地区属于"中部地区",但是鄂西山区则属于"西部地区"。最典型的"中部地区"包括河南、安徽、湖北、湖南等,最典型的"西部地区"包括贵州、云南的部分山区和边疆地区。大体而言,目前国家划定14个集中连片特困地区,都属于"西部地区"。

以上三个地区农民的市场参与状况存在巨大差异,这形塑了不同地区的农村经济状况,以及农村贫困分布形态。

首先是"东部地区"。该地区农业生产逐渐脱离"一家一户"形态,除一些老年人耕种的少量口粮地和菜地之外,绝大部分土地已经实施规模化流转。例如,珠三角地区自20世纪90年代初就开始推行"土地股份化"改革,农民的土地承包权变成股权,将土地集中交给集体经济组织管理,然后统一对外发包经营;上海在2010年之前开始推行"家庭农场"政策,将农民的土地整合到集体经济组织,按照100~200亩的规模,向农业专业经营户发包;苏南地区近年来开始推行"土地换社保"政策,农民直接放弃土地承包经营权,土地交给大户集中处理。"东部地区"土地流转程度高，前提是该地区农民已经彻底实现农业就业向第二、三产业就业转变。在这类地区，不仅青壮年劳动力外出工作，超过60岁且身体健康的老年人，也普遍实现环卫工人、保洁、保安等非正规就业。"东部地区"工厂聚集，外来人口大量流入，围绕着外来人口的配套服务形成了大量非正规就业岗位，让当地的半劳动力也有机会就业，这是中西部地区不具备的条件。

在容易就业和充分就业的条件下，"东部地区"农村呈现出普遍富裕的形态。"东部地区"的农民家庭通常是夫妻同时工作，或是子代与父辈两代人同时上班，有多份工资收入，家庭经济状况好。另一方面，"东部地区"靠近市场，不仅存在常规就业机会，还存在各种经营机会，有部分农民投资办厂或是开店，获得较务工更高的收入，成为村庄中的富裕阶层。与之相关，该地区低于国家划定的贫困线的绝对贫困家庭较少，但是仍存在因村庄分化造成的相对贫困。"东部地区"存在的少量绝对贫困主要是Ⅰ型贫困与Ⅲ型贫困。

其次是"中部地区"。按照就业方式划分，"中部地区"的农民家庭可分为三类：第一类是举家外出户，他们在城市从事餐饮、维修等经营活动，或是夫妻一起外出务工，子女跟着在外地读书；第二类是建立在代际分工基础上的"半工半耕"户，父辈务农、子辈务工，家庭获得务农与务工两份收入；第三类是纯农业户，一部分是流转土地形成农业专业经营户，另外一部分是仅耕种自家土地的农户。这三种类型家庭在"中部地区"村庄中的大致比例是2∶7∶1。"中部地区"普通农民家庭年均纯收入为3万~5万元，分层不严重。其中，约占两成的第一类农户和约占一成的第三类农户，属于例外情况。第一类与第三类中的农业经营大户通常收入较高，少数家庭年纯收入超过10万元。第三类农户中仅耕种自家承包地的家庭收入低，多数属于贫困户，包括Ⅰ型贫困、Ⅱ型贫困和Ⅳ型贫困。"中部地区"比较典型的贫困是Ⅱ型贫困。产生Ⅱ型贫困的原因是家庭缺乏分工条件，造成"半工半耕"失败，这类农民无法外出务工，又面临土地资源不足的问题，农业收入不足，致使家庭陷入困顿。

再者是"西部地区"。"西部地区"的典型特征是农民外出务工时间相对晚，这些地区当前处于50岁以上年龄段的人并没有外出工作的经历，当地农民对土地的依赖程度高。另一方面，"西部地区"家庭内部分工也不合理，其主要形式是夫妻分工，年轻女性生育之后留在农村，青壮年劳动力使用不充分。并且，由于妻子没有随着丈夫外出务工的习惯，为了维持家庭稳定，男性青年通常隔几个月回老家一次，以免出现家庭危机。实际上，这类地区的离婚率很高，夫妻分居常常会引发离婚现象，由于很多家庭出现"丈夫打工，妻子跑婚"的现象，因此很多人宁可"窝在家里"也不外出。家庭分工不合理以及家庭生活不稳定，进一步弱化了这类地区农民外出的积极性，大量青壮年劳动力被浪费，这就造成"西部地区"Ⅲ型贫困较为普遍。由于市场参与度不足，"西部地区"农村家庭呈现普遍贫困的状态，当地农民的家庭再生产能力不足。譬如，"西部地区"的男青年结婚难度大，不少人变成光棍，将来会形成一大批"五保户",或者是娶身体有缺陷的女孩,影响家庭生活甚至下一代身心状况。这进而生产出Ⅰ型贫困。

结合上文的分析,可以将改革开放后三类地区的农村经济状况和农民贫困形态呈现为表3。

表3 三类地区的农村经济状况和农民贫困形态

	东部地区	中部地区	西部地区
对土地依赖程度	低	中	高
家庭分工基本形态	家庭之间分工、充分就业	代际分工、半工半耕	夫妻分工、半工半耕
农民与市场的关系	距离市场近、参与程度高	距离市场远、参与程度较高	距离市场远、参与程度低
总体经济社会状况	总体富裕、高度分化	中等收入、中度分化	普遍贫困、低度分化
贫困状况	Ⅰ型与Ⅳ型为主	Ⅰ型、Ⅱ型与Ⅳ型	Ⅰ型、Ⅲ型与Ⅳ型
特别情形	分化引发相对贫困	家庭分工失败引发Ⅱ型贫困	集中连片贫困

三、市场的反贫困功能与内贫困机制

持续发展经济、坚持社会主义基本制度,以及国家向贫困地区与贫困人口大规模地转移资源,是我国的扶贫工作取得巨大成就的根本原因。其中,经济发展是基础性的,它一方面增加了国家财力,为国家实施扶贫开发政策提供了物质基础,另一方面为农民通过自身的努力脱离贫困提供了外部条件。当前已经形成统一的全国性劳动力市场,无论多么偏远地区的农民都可以自由地到全国其他地方寻找就业就会。农民生活已经深深地嵌入市场中。一个地区的农民进入市场的时间越早,参与市场的程度越深,该地区的经济条件就有可能越好,而农民的生活水平越高,贫困发生率越低。

市场是消除贫困的第一因素。市场的反贫困功能直接体现在以下两个方面。

一是将农民从土地中解放出来,促进农民向劳动报酬更高的第二、三产业领域转移,增加其家庭收入。按照现有农民工务工收入水平,一个四口人的农民家庭,只要有一个青壮年劳动力外出务工,即可实现脱贫。

二是缓解农村人地关系紧张局面。人多地少是限制农业经营收入提高的根本因素,农民外出务工,将土地流转或是无偿交给亲戚邻居耕种,让这部分没有条件外出的农民扩大农业种植面积。农民的市场参与程度越高,对土地的依赖程度越低;土地流转规模越大,农业经营者的耕作面积越大。上海将"家庭农场"的最低规模定为100亩,连同补贴,农业经营户的年均收入可达10万元左右。

我国"东部地区"劳动力流出程度高,农村实现"少数人种多数人的土地",少数农业专业经营户耕种全村的土地,实现规模经济。"东部地区"劳动力被解放出来,土地也被释放出来,大部分农户务工,少数农户成为农业专业经营户,呈现务工收入与务农收入"双高"的局面。"中部地区"少数农户举家外出，大部分农户实行代际分工，通过家庭内部分工获得务农和务工双份收入。"西部地区"农民的市场参与程度不高，外出务工少，劳动力使用不充分，家庭之间分工不充分，家庭内部分工不合理，农业陷入过密化经营，呈现务农收入与务工收入"双低"的局面。

市场的反贫困功能在于它创造了更多就业岗位以吸纳农村剩余劳动力，进而提升了整个社会的劳动生产率。除此之外，市场在反贫困方面还具有一些间接功能，如改变农民的思想观念和提升农民的人力资本。改革开放以来，市场在消除农村贫困方面发挥了巨大作用。

但与此同时，市场存在内贫困机制，因而又制造出新的贫困。全面脱贫之后，巩固扶贫攻坚成果，需注意到市场的内贫困机制。具体包括以下四个方面。

一是拉大地区间差距。党的十九大报告指出，"中国特色社会主义进入新时代，我国社会主要矛盾已经转化为人民日益增长的美好生活需要和不平衡不充分的发展之间的矛盾"。这一矛盾的重要表现形式是我国地区之间发展的不平衡。除了空间距离与发展起步早晚等客观差异，在主观方面，不同地区农民文化水平和参与市场的主体意愿也有差异，这造成我国东中西部地区呈现梯度发展的局面。相对落后的"西部地区"，在开放的市场条件下，人财物加速流失，陷入"后发劣势"。市场给不同地区的农民提供了发展机会，也给不同地区的农民带来了挑战，其中"西部地区"面临的挑战较大。

二是形成农村内部分化。当前农村内部存在着农民分化和社会分层的压力。

三是增大支出压力。市场改变农民的生活方式，既包括就业方式上的改变，也包括消费方式的改变。随着农民与市场的关系拉近，传统农业时代农民自给自足的生活方式被打破，农民越来越多地向"高收入、高支出"的生活方式转变。以粮食消费为例，当前全国很多地区的农民改变了传统的存粮习惯，他们收割之后直接将湿粮一次性出售，然后再从市场中定期购买加工好的大米或面粉。当消费方式与市场高度关联之后，农民必须要获得一定的现金收入，才能够维持日常家庭运转。以湖北地区的普通农村为例，一个正常农民家庭的每年日常开支需2万~3万元以上，其中人情开支就达数千元。一部分农户无法外出务工，家庭收入不足，缺乏刚性的现金支出来源，无法承担如子女读书、县城购房和儿子结婚彩礼等支出，这会影响到农民的家庭再生产活动，进而产生出一系列新问题。

四是产生新风险。农民外出务工，主要是在重体力的低端领域就业，容易出现工伤、交通事故等，恶劣的工作环境和长时间加班等因素还会引发职业病。劳动力一旦遭遇意外事故，整个家庭就有可能陷入困境。

四、"后扶贫"时代的社会政策

脱贫攻坚目标任务全面实现之后，农村发展要继续坚持"三管齐下"策略，大力发展经济，既要鼓励农民积极参与劳动力市场，激发农民的主体性，又要坚持土地公有制，为农民构建土地兜底保障，还要继续实施财政转移支付做法，同时提高政策精准实施的效率。在具体工作中，需要注意以下几点。

一是坚持发展。发展是硬道理。经济发展构成贫困人口减少的必要条件，但是并不构成消除贫困的充分条件。中国改革开放以来所取得的发展成果惠及多数人，这与中国特色社会主义制度有关。中国的减贫经验具有世界意义。

二是提升中西部地区农民的市场参与程度。要解决中西部地区发展相对滞后的问题，根本办法是提高这类地区的市场参与程度。需改进这类地区的基础设施条件，降低市场参与成本，进一步鼓励当地农民参与市场就业。

三是开展乡村文化建设。通过地区间对比可以看出，在同样距离市场较远的情况下，"中部地区"农民与"西部地区"农民在生产生活观念上存在较大的差异，"中部地区"农民积极地参与市场，"西部地区"农民的乡土观念较强，受传统思想影响，逐渐不适应时代的发展。在交通、通讯条件日渐完善的背景下，农民的市场参与性，很大程度上受农民的参与意愿影响。"西部地区"农民的市场参与意愿较低，市场竞争意识不强，人力资本积累不够。针对这一点，要加大实施中西部地区的文化建设，短期措施是加强农民职业技能培训，长期举措是加大教育资源投入力度，改变中西部地区农民的思想观念。

四是引导农民健康合理地消费。目前农民的消费观念正在快速转变，一些不合理的消费方式在农村开始流行。如在社会分层明显的"东部地区"，存在农民之间炫耀性消费的现象，一些沿海地区农村办酒席相互竞争，每桌酒席的标准抬升至几千元甚至上万元，大量的财富被浪费掉，中下层农民承受巨大压力，造成相对贫困。"中部地区"和"西部地区"则出现人情异化、彩礼高涨、农村老年人"薄养厚葬"现象等，这些不合理的消费习惯，耗费了农民的家庭积累，挤占了农民家庭发展性资源与生产性资源，同时也让没有能力参与消费竞争的贫困户陷入"社会排斥"的处境。对此，需加强文化扶贫工作，引导农民合理消费，倡导社会新风尚。

五是农业产业结构调整要降温。农业门槛不高，让农民调整产业结构，如种香菇、养山羊等，常常会出现市场过剩和产品无法销售的现象。农业受市场规律支配，市场的容量有限，政府推动农业产业结构调整，有时候并不成功。改革开放以来我国所取得的巨大反贫困成就说明，农民脱贫致富得在农业之外，农民越是被捆绑在土地上，往往就越是无法挣脱低水平发展的陷阱。农业在国民财富中的总量有限，帮助农民进行产业结构调整，必然会出现局部地区成功而多数地区失败的结果。在少数条件独厚、资源优越的地方，适合发展特色种养，但是我国大多数地区的农民不可能都通过发展农业来发财致富。

六是健全社会救助和社会保障政策。贫困是一个家庭陷入困境所呈现出来的最终结果，很多时候，消除贫困的工作应当在产生贫困之前做，将可能诱发贫困的因素提前消除掉。譬如，Ⅳ型贫困具有意外性，可通过健全城镇职工工伤保险制度和鼓励农民购买部分商业保险，降低意外事故所造成的冲击。另外，针对因病致贫、因学致贫和老年人贫困等问题，要逐步推进建立健全城乡养老保障制度、医疗制度、社会救助制度,并促进各项制度的衔接和融合。

七是坚持集体土地制度。农业不是农民致富之本,在当前农民家庭收入中,农业经营收入已经降到第二位,列在工资性收入之后,尽管如此,农业收入依然重要。尤其对于"中部地区"和"西部地区"的农民来说,农业收入不仅增加了家庭收入总量,而且降低了家庭支出。目前农民在城市的务工收入,还不足以支撑起举家迁入城市并维持体面的生活。在拥有土地的情况下,农村中的老年人、妇女,或是部分没有条件外出的农民,可以从农业中获得基本收入。集体土地制度是消除农村贫困的重要因素。

我国正在经历高速城镇化,农民被卷入这一人类历史上从未有过的巨大转型过程,这既是发展机遇,也隐藏着巨大风险。改革开放以来,我国能够取得又快又好发展的根本原因之一,是坚持农村土地集体所有制。土地归农民集体所有,农民即使进城失败或是在城市失业,也还可以退回到土地上。土地具有兜底功能,土地集体所有制降低了农民的市场参与风险,也降低了农村的贫困发生率。

2019年7月

第三部分 农村土地制度

土地撂荒

我国人多地少,人地关系紧张,粮食安全保障工作的压力大,改革农村土地制度的根本目的是提高土地利用效率。

一

税费改革之前,农村一度出现土地撂荒问题,这与农民负担太重有关。20世纪90年代后期,市场经济扩大增加了城市第二、三产业的就业机会,另一方面,沉重的税费已经超过了正常的地租水平,造成农民的"自我剥削"。在此背景下,湖北等一些地区的农民开始脱离农业生产,将土地退还给集体。随着退地的农民越来越多,土地无人耕种,面临税费任务无人承担的局面。因此,乡村基层组织出台政策,不准农民退地,国务院也发文要求解决农村土地撂荒问题。

税费取消之后,国家出台补贴政策,激励农民从事农业生产。种地不用向国家交钱,还能获得补贴,目前直接到户的种地综合补贴达到每亩100元左右。同时,国家还通过土地整治、水利建设等项目投入来改善农业生产基础条件,并扶持农业社会化服务体系建设。随着基础条件改善、农业生产技术改进和农业社会化服务体系逐步健全,农民从事农业生产的方便程度提高,农业生产已经变得相对不辛苦。农民种地的积极性提高,税费改革之前由负担太重所引发的撂荒问题基本解决。

然而,在老问题被解决的同时,又产生了新类型的土地低效利用问题。农业劳动力的老龄化发展趋势,是当下政策界和学界最关心的"三农"问题之一。对此,国家推行农业经营体系创新来解决"谁来种田"的问题。加入世界贸易组织之后,我国工业化和城镇化速度加快,农村劳动力外流速度也加快,城镇第二、三产业工资水平一路上升,劳动力接受市场配置,农村劳动力自然而然地转移到收益更高的领域。随着收入的提高,农民的生活标准也大幅提高。最近10多年间,农民的衣食住行用等都发生了巨大的变化。

按照湖北地区的农村生活标准,一个普通家庭每年正常支出需要2万~3万元以上,这还只是日常类的支出,不包括建房、娶媳妇、治病、上学等重大支出。湖北的标准在中西部地区算是略高的,北方农民在吃饭、穿衣和人情方面支出低一些,浙江等沿海地区农村则要再高一些。在收入方面,以湖北为例,一般农村的人均土地面积为1~2亩,只有极少数村庄的人均土地面积超过4亩,也就是说,一个四口之家的土地面积不超过10亩。按照两季1000~1500元(不计算劳动成本)的种植纯收益计算,普通家庭的农业年收入不超过1.5万元,这不足以维持农民家庭的日常开支。因此,绝大部分家庭都会选择外出打工,少数缺乏劳动力或是因其他原因不能打工的家庭,就会成为村庄中的贫困户。

在城乡自由就业的市场结构下，中西部农村形成典型的"半工半耕"结构。务农可以照顾家庭，务工则提供正常家庭生活的必要收入。虽然农业在家庭收入构成中的比例下降，但是务农收入在补充家庭收入方面却是必不可少的。与过去相比，随着农民生活水平提高以及劳动力价格在市场中显现，留在农村务农的老人和妇女也开始在投入劳动时算经济账，会想一想种田值不值。年轻人认为，在工地做小工一天也至少可以挣到100元，农业生产的工值太低，所以他们都不愿意从事。留在农村的老年人和妇女，则会在劳动报酬和农业劳动投入辛苦程度之间形成一个选择新均衡。农民不再像以往那样不辞辛苦地劳动，他们也懂得了享受，比如耕田、收割等重体力劳动环节选择购买社会化服务来完成，天热或是下雨天宁可闲在家里也不下地劳动。现在农民选择耕种那些条件便利、适合机械化和水源条件好的良田，对于那些交通不便、不适合机械化和水源条件不好的田则选择抛荒。另外，由于种两季比种一季的纯收益高不了多少，因此，农民普遍选择种一季，季节性抛荒也降低了土地利用率。

二

农业从家庭主业变成家庭副业，这凸显了我国"人均一亩三分地"情况下的农业"规模不经济"。也就是说，家庭的土地规模越小，越不值得投入主要劳动力，也越不值得费心经营。因为，在小规模土地上无论如何改进生产，在改善家庭生活方面所取得的边际效应都很小。土地规模越是小，农民越是将农业当作副业，农业经营越是陷入"半死不活"的状态。南方丘陵山区地带地形不好，耕作条件差，再加上水田种植过程复杂，所以，南方丘陵地区的土地撂荒程度比平原地区严重。华北平原地区耕作条件好，旱作物种植简单，机械化程度高，很少出现土地撂荒现象。

土地利用率低并不意味着土地绝对产值低，也并不意味着农业绝对无收益。在不计入劳动成本的情况下，农民种植一亩水稻一年收益可达到800元以上。安徽、江苏等地的土地流转费已经达到800元以上，如果纯收益不到800元，大户是不会去流转的。问题在于，对于农户而言，小规模农业生产的比较收益太低。如果一户种植规模达到100亩以上，夫妻两口子精耕细作，一年收益则可达到8万元以上，接近外出务工的收入水平。

相对于10亩，种植100亩实现了规模经济。另外，种植100亩一般要求土地连片，这是出于对成本的考虑，因为土地细碎化程度越高，农业生产的成本就会越高。土地规模和生产条件是制约农业经营的两个重要因素。

大部分青壮年劳动力流出之后，农村还留下一小部分中年人，他们因各种原因不能外出，这部分长期从事农业生产的人是农业能手，他们依赖土地。在政府推动大规模土地流转之前，这批人通过口头协议捡种村庄熟人的土地，流转费很低甚至没有。这些捡种土地的农民成为农村中坚群体，解决了土地低效利用问题，也维护了村庄社会稳定。

工商资本流转土地，计算的是企业利润，刨除生产成本和雇工成本，企业种地不赚钱。而从农民的角度看，种地和打工是一样的，都是挣辛苦钱。当前农民种地有两个限制条件，一是土地规模太小，不合算，二是土地细碎和基础设施条件不好。土地可以产生价值，土地低效利用的问题出在土地资源配置上。

三

农村土地逐步确权到户，锁定了土地权利分散的局面。早前的土地承包采取了地块"远近肥瘦搭配"的方式，造成土地高度"插花"。第二轮土地承包经营政策不断巩固和强化承包户的权利，与此同步的是，过去10多年农村劳动力的流出造成人地分离程度加剧。地块高度"插花"、地权高度分散，既造成农业经营"规模不经济"，又增加农业公共品供给成本和农业生产难度，两方面因素叠加，带来了当前与取消农业税费之前不同的土地低效利用问题。

自实施家庭联产承包责任制以来，农户拥有的土地权利被不断强化，农村土地承包实施"生不增、死不减"政策，土地承包期限从第一轮的"15年不变"延长为第二轮的"30年不变"，党的十七届三中全会又提出土地承包关系"长久不变"。依照产权经济理论，产权越稳定，对私人投资的激励程度越高。建立长期而稳定的承包关系，巩固农民手中权利的目的是，激励农民投入农业生产，防止频繁土地调整引发的短视行为。

不过这几年，我们到国有农场调查，农场并没有采用"生不增、死不减"政策，而是向职工租赁土地，期限较短。我们调查发现，国有农场不存在所谓的土地掠夺式利用的问题。目前，与土地相关的长期投资，如水利、机耕道、土地平整等，基本是由国家承担，与土地承包期限无关。反而是农村土地确权之后，会出现国家项目无法落地的问题，因为大部分基础设施建设都可能涉及占用土地，项目设施会遭遇土地承包经营权被锁定的障碍。另外一些农业长期投资，比如农户购置收割机，与土地不相关，不受土地承包关系影响。与土地相关的长期私人投资主要是绿肥。传统的一些研究，很多是根据绿肥使用情况来检验土地调整对投资的影响。实际上，在目前土地承包经营权已经确权的情况下，农民依然很少使用绿肥，原因是人工成本太高。国有农场的土地承包经营关系没有农村稳定，但是国有农场的土地利用率更高，农场不仅不存在土地抛荒现象，而且土地产出率高。当前，国有农场的粮食单产高于全国三分之一以上。

国有农场执行5年期限的土地租赁合同就可以满足农户的农业经营需求，因为土地承包期限并非越长越好。农业生产具有外部性，包括水利供给、病虫防治、作物布局等生产环节，这些不是一家一户能够完成的。个体农户在土地上的排他性权利越强，农业生产的外部性就越强，农户合作成本也越高。当前土地承包经营权已经变成用益物权，集体统筹不能发挥作用，一家一户单打独斗的经营方式受到生产外部性的严重影响。国有农场的土地利用率高，与农场提供便利的公共服务有关。农场的土地租赁不产生绝对权利,能够发挥统筹生产的功能。

土地承包经营权理应是一个相对概念。我国农村承包地主要用于粮食作物和蔬菜种植,少部分用于果树。果树经营需要较长期限的土地权利,而较短的土地承包期限就能够满足粮食作物和蔬菜种植需求。通过土地登记确权颁证,土地承包经营权已经变成农民手中的"财产权"。土地从农业生产资料,变成农民进城落户后依然受保护的财产物,而农村土地制度从最初的配置土地资源的经营制度,变成分割集体公有生产资料的个人占有土地制度。当前农村土地的低效利用问题,反映出土地生产性与土地财产性的矛盾。

四

土地不仅具备生产功能,而且具有财产价值。不同土地制度的差异在于土地不同属性的实现方式。早前的土地承包经营权制度,将土地使用权从集体剥离,向农户私人配置,经营方式的改变提高了农业生产效率。另一方面,集体通过收取土地承包费获得集体提留,然后用于集体内部公共支出,保持土地的公共财产属性。第二轮土地承包之后,国家强化农户的权利并禁止集体收取土地承包费,土地的财产性从所有权向承包经营权转移,土地的财产性凸显。土地承包经营权具有了财产性,不种地的农民可以获得土地流转费,"占有"土地就可获得收益。与此同期,农民脱离农业的速度和规模增加,相当一部分农民占有土地权利而不从事农业生产。在此背景下,国家土地政策从之前的稳定承包关系向鼓励土地流转调整，试图解决人地分离造成的土地低效利用问题。

大约自2008年开始，农村土地流转速度加快，中央提出构建农业经营体系的政策目标，各地地方政府积极推动土地流转，出台政策补贴农业大户和引导工商资本下乡，并主导建立农村产权交易所等。目前，全国土地流转面积占承包土地总面积的三分之一以上。

从家庭联产承包责任制实施之初一直到现在，我国农村土地制度似乎绕了一个圈。先以土地承包的方式将土地配置给农户，随后以提高农业经营效率为目标，不断强化农户手中的权利。第二轮土地承包以后，土地承包经营权不断固化，却遭遇农民开始脱离农业生产的尴尬局面。土地权利固化碰上城镇化，拥有土地权利的农民大规模进城，于是政府就推动土地流转并向新型经营主体配置土地资源。问题是，土地有了财产价值，农民是不会轻易退出土地权利的。国家提出土地"三权分置"改革，试图将土地的生产性从农户手中剥离然后再集中。

我国土地政策应当保持的基本理念是"耕者有其田"，就是说，生产者拥有土地权利，非生产者不拥有土地权利。早前实施土地承包经营制度，促进土地要素与农户的结合，保障集体收取土地租金的权利，同时实现土地的生产性与财产性。目前的问题就在于，土地的财产性损害了土地的生产性。对于进城农民和其他脱离农业生产的农民来说，土地承包经营权保护了他们"占有"土地的权利，土地财产化的本质是不生产者占有土地权利，而大量的土地资源被不生产者占有，必然会损害到土地利用效率。

国家推行土地流转政策，提出农村土地"三权分置"，试点土地承包经营权退出政策等，都是要解决土地财产性对土地生产性的损害。问题在于，土地权利已经配置到千家万户，尝试在千家万户保留土地财产权利的基础上剥离土地生产性，再进行土地要素配置，这必然是交易成本很高的事情。譬如土地流转，一两个"钉子户"就可能造成规模经营失败。日本与我国台湾地区在20世纪四五十年代进行过土地平权运动，之后随着工业化和城市化推进也出现土地低效利用问题，为了重新配置地权，耗费大量人力物力。历史经验表明，个体化的土地占有格局是农业现代化的最大障碍。

五

站在农民的角度看，农业经营并非毫无收益，而是收益相对低。当前的土地低效利用问题，与土地制度有关。地权分散造成农业经营"规模不经济"，土地细碎"插花"使得农业公共品供给难，农户个体权利过大造成集体无法解决"一家一户办不好和不好办"的公共事务。土地低效利用反映的是生产力与生产关系的矛盾，是土地制度与城镇化的不适应，是地权配置与人口流动的冲突。土地制度需要改革，更重要的是，土地制度改革的基本思路需要调整。

当前农村土地低效利用问题的表现是土地全年抛荒和季节性抛荒。土地全年抛荒在丘陵山区相对严重，平原地区以季节性抛荒为主。这与山区和平原的生产条件不同有关。还有一种地区性的差异是，一般农村与城郊农村在土地利用效率上的差异。

近年来，我们多次调查武汉的农业经营问题。前几年，媒体曾屡屡曝光武汉市周边土地撂荒现象，导致武汉市政府压力很大，下面的一些区县政府因此拿出财政资金补贴农户，凡是帮助解决土地撂荒的农户可以获得大约每亩200元的补贴。

按理说，越靠近城市的土地价值越高。在不改变土地用途的情况下，城市郊区土地可用于生产蔬菜水果，向城市提供生鲜产品，生鲜产品比大田粮食作物的经济价值更高。然而，武汉市的情况却是城市郊区的土地利用效率更低。

出现这种现象其实并不奇怪。原因是，与一般中西部农村相比，城郊地区存在更多的就业机会。不仅年轻人很容易在附近工业园区找到工作，而且六七十岁的中老年人也很容易找到类似保安、清洁员、绿化工等临时岗位。我们在武汉市黄陂区调查，当地的老年人到村庄附近的蘑菇种植基地打零工，工钱是每小时10元，类似的工作机会很多。城郊地区的大量非正规就业机会吸纳了老人和妇女等半劳动力，所以农民从事农业生产的积极性不高。黄陂区的一位农民说："我们打一天工胜过种地几天，并且还没有种地辛苦。"打工轻松，且报酬高，土地自然没人种。而中西部农村的青壮年流向城市之后，中老年人和妇女只能务农，除条件特别差的山区之外，土地基本被利用。尽管与过去相比，土地利用率降低，但是全年抛荒却是少数，能种的土地基本都已被种上。

另一方面，城郊地区农民抱着土地被征收的预期。看到的和听到的征地拆迁"一夜暴富"的例子，将城郊地区农民的胃口吊得高高的。武汉市提出了"建设武汉长江新城"的发展目标，要在汉口、武昌、汉阳三城之外，建设第四城。武汉市的特点是大，"大武汉"这下是要更大了。长江新城远期规划500平方公里，我们所调研的黄陂村庄距离汉口城区一二十公里，当地老百姓听说村庄被纳入新城建设范围，便燃起了通过拆迁征地来致富的梦想。一个300户的村庄已经有50户向村委会提出申请房屋翻建，这是为未来的拆迁做准备。

城郊地区的土地低效利用，更加突出地反映出土地生产性与土地财产性的矛盾。在充分的就业机会下，城郊地区的人地分离程度更高，另一方面，农民在财产性层面对土地高度依赖。受城市的辐射，城郊地区的土地被征收的可能性大，土地财产性更高，所以农民更看重土地权利，"占有"土地的欲望更强烈。在土地被征收变现的预期下，城郊农民更不会放弃手中的权利。城郊土地财产性更高，对土地生产性的损害更大，土地"占有"和土地利用的张力也更大，于是我国农村土地制度存在的一般矛盾在城郊地区被放大。

六

城镇化改变劳动力配置，也改变农业经营形态。农村劳动力流出农村，倒逼土地资源重新配置。建立与城镇化相适应的土地制度，关键是实现劳动力与土地生产资料的有效结合。

我国的城镇化存在地区间不同步的问题。东部沿海地区的城镇化起步早，如长三角和珠三角地区，在20世纪八九十年代已经实现较高水平的工业化，农村劳动力大规模脱离农业。中西部地区的城镇化和工业化起步晚，大规模的农民工流出现象发生在21世纪以后，本地工业化、城镇化也发生在最近10年。我国农村土地制度在第二轮土地承包前后发生重大变化。第二轮土地承包之前，农村土地承包经营方式比较灵活，各地具有自主选择土地承包方式的政策空间。第二轮土地承包之后，国家推行"生不增、死不减"政策，并规定土地承包期30年不变，严禁集体调整土地。

20世纪80年代后期，贵州省湄潭县被列入全国农村改革试验区，最早试行农村土地承包"生不增、死不减"做法。只经过短暂的四五年试验，这一做法就在90年代初期被写入中央文件，随后成为第二轮土地承包的一般政策，向全国推广。实际上，在第二轮土地承包之前，各地存在多种形式的土地承包经营方式，比如山东地区的"两田制"、长三角地区的集体经营、珠三角地区的土地股份合作制等。

长三角和珠三角地区的工业化水平走在全国前列，90年代自然选择的集体经营和土地股份合作制，都较好地解决了农村劳动力流出后的土地利用问题。集体经营和土地股份合作制的共同特点是，虚化个体农户对土地权利的控制，将土地经营使用权收归集体，并向新型经营主体重新配置。在国家没有实施强制性政策的情况下，经济发达地区自发地探索出与本地情况相适应的土地制度形式，促进土地资源与生产经营者结合，实现土地高效利用。目前上海农村推行的"家庭农场"、苏南地区推行的"土地换社保"等，都是为了收回一家一户对土地的分散控制权利。城镇化先发地区的做法表明，经济越发达、工业化和城镇化程度越高，个体对土地的控制权就越弱，集体对土地的控制权就越强，土地利用效率就越高。

七

农村土地属于集体所有，集体所有的本质是土地作为农业基本生产资料属于劳动群众所有。在集体所有制下，农民与土地的关系属于劳动关系，而非财产性关系。也就是说，农民通过向土地投入劳动来获得收入，不能通过"占有"土地来获得收益。取消剥削制度，实施按劳分配，是社会主义制度的重要方面。目前，土地制度改革流行的话语是，将土地权利变成不从事农业生产的"农民"的财产权，真正从事农业生产的农民向这些"不在村地主"缴纳高昂租金，土地权利成为"离村土地占有人"摄取农业生产剩余的工具。这既不利于土地利用，也无益于社会公平。

2017年12月

压舱的基石

一、土地是"三农"压舱的基石

改革开放以来,我国经济社会建设取得了举世瞩目的成就,经济高速增长,城镇化快速推进,社会持续稳定。我国实现今天的发展,离不开农村作为中国现代化稳定器与蓄水池的功能。

一方面,随着改革深化,我国逐步建立起城乡要素自由流动制度,农村人口流入城市,支撑起加工制造产业,我国迅速从农业大国发展为"世界工厂"。另一方面,在推进工业化和城镇化的同时,我国加大推进乡村建设和乡村发展,巩固农村的基础地位。

世界上多数发展中国家,在追求现代化的过程中都遭遇挫折,其中,不少国家在推进城市化时出现了城市贫民窟问题。而我国在如此巨大的社会转型过程中,未产生贫民窟及其他社会问题,关键在于建立了"保护型"城乡关系,城乡结构具有弹性,乡村起到兜底作用。农村的稳定器与蓄水池功能体现为,当经济增速放缓并影响到城市就业时,农民有条件退回到乡村,临时性失业就不会在城市积累,更不会演化为影响社会稳定的严重问题。农村能够"回得去",基础是农村土地制度。

其一是农村土地承包经营制度。20世纪80年代初期,随着农业经营体制变革,我国探索出了土地承包经营制度,在不触动集体土地所有制的前提下,向农户配置土地生产资料,解决了土地公有制与农业家庭经营的矛盾。土地承包经营制度激发了农民生产积极性,也释放了农村剩余劳动力。在土地承包经营的基础上,农民合理安排家庭劳动力,农村青壮年劳动力外出务工和中老年劳动力留守务农,广大农村逐步形成"半工半耕"的农民家庭经营模式。

"半工"兼"半耕",一方面增加了农民的家庭收入来源,另一方面,为进城务工农民构筑稳定的农村大后方。进城务工农民积极参与城镇化,当他们具备条件时,自发选择在城市购房、定居和落户,不具备条件时,还有机会返回农村,在农村完成家庭再生产。

目前,在农民家庭收入来源中,务工收入已经超过农业收入,成为第一收入来源。尽管如此,农业并非不重要。"半耕"的意义在于,让一部分家庭成员留在农村,避免举家进城增加支出,为未来城镇化积累资源。"半耕"的重要意义还在于,降低了农民城镇化的风险,他们可以在城乡之间多次往返,形成了"机会开放、风险较低"这一具有中国特色的城镇化道路。

其二是农村宅基地制度。"住有所居"是基本人权。在长期的历史实践中,我国逐步形成了具有福利分配性质的农村宅基地制度。按照"一户一宅"政策，每个符合条件的农民家庭，都有资格向集体申请宅基地，农民的居住权利因此得到保障。随着新型城镇化战略推进，越来越多农民在城镇购房定居，同时，也还有相当一部分农民暂时无法在城市安居。这就意味着，农村宅基地依然发挥居住保障的功能。农村宅基地是乡村"回得去"的基础条件之一。

二、稳妥推进土地制度改革是关键

以乡村稳定来保持整个社会稳定，以弹性的城乡格局来释放社会风险，稳健推进"三农"政策改革，为构建中国现代化腾挪空间。站在巩固"三农"压舱石地位的角度看，深化农村土地制度改革，需要注意以下几个方面。

坚持土地集体所有制的改革底线。2019年中央一号文件提出，"坚持农村土地集体所有、不搞私有化"，进一步明确了农村土地制度改革的底线。土地集体所有制这一底线，要在具体的土地制度改革工作中得到体现。在制定第二轮土地承包到期后延包的具体办法和落实承包地"三权分置"政策方面，要坚持集体土地所有权的主体地位。第二轮土地承包到期后继续实施土地承包，不管采用何种形式，都不能将集体所有权虚置。同样，推动承包地"三权分置"，需体现集体所有权的权能和地位。

走中国特色社会主义农业现代化道路。当前阶段，我国依然面临着人多地少的矛盾，农民收入增长受限，很大程度上是单个农户的土地经营面积过小所致。"小且散"是制约我国农业发展的现实矛盾。推进农业现代化，既要解决粮食安全和食品安全问题，还必须解决农民就业问题。"三农"问题，核心在农民问题上。中国特色社会主义农业现代化一定是兼顾农民问题的农业现代化。推动农业经营体系创新，需坚持农民在农业现代化中的主体地位，发挥集体统筹经营功能，避免在政策上排斥小农经济。

完善农村土地制度是推进农业现代化的基础。当前，需解决土地细碎化和地权分散等现实问题。目前农村存在的局部土地撂荒现象，要么是因为基础设施条件差，要么是因为规模太小和地块细碎造成耕种不经济。在未来较长一段时期，我国依然会有数亿人口生活在农村，农村面临的严峻问题是"土地不好种"和"无地可种"，而不是"无人种地"。针对这一点，要加大力度推进土地产权整合、解决土地细碎化问题和完善农业基础设施。

释放土地生产功能关键是发挥集体作用。与改革开放初期相比，当前农民对土地的依赖程度发生巨大分化，土地制度矛盾转变为地权分散与农业经营适度规模化的不适应。放活土地经营权，可采用虚置承包权的办法，将土地承包权变成经济收益权，将土地使用权集中到集体经济组织，然后向农业经营主体公平配置土地资源。目前，我国一些东部沿海经济发达地区已经探索出不同形式的土地经营权"放活模式"，如珠三角地区的"土地股份合作社"、上海地区的"家庭农场"、苏南地区的"土地换社保"等。这些不同做法的共同点是，将土地资源重新集中到集体经济组织（或合作社），然后向新型经营主体统一配置，实现人地有效结合，提高土地资源利用效率。放活土地经营权要借鉴这些成熟的做法和经验。

农民退出宅基地是一个自发过程。当前，公众对农村宅基地的认识存在一个极大误区，很多人参照城市建设用地来看待农村宅基地，认为农村宅基地蕴含着巨大的财富价值。受级差地租规律支配，全国95%远离城市的农村宅基地不存在超过一般农用地的超额价值，只有城中村和城郊村的宅基地存在巨大财富价值，而这类地区加起来不超过全国农村的5%。一般农业型地区的农民是城镇化的主力，农村宅基地闲置主要出现在该地区。我国城镇化还有较长一段路要走，城镇化过程中有可能出现预料之外的风险，因此，宅基地在未来较长一段时期内还会发挥保留农民退路的功能。在政策上，要保留宅基地这部分资源冗余，不能将退出宅基地作为农民进城落户条件，要避免激进的宅基地退出政策，做到农村宅基地退出与城镇化进程相匹配。尤其要警惕直接或间接的市民下乡占地行为，避免出现不合理的土地政策所诱发的"逆城市化"现象。

实施乡村振兴战略要合理利用土地政策工具。当前，部分地区的基层政府将土地当作乡村振兴的政策工具，尝试通过土地制度创新来解决乡村发展面临的资源匮乏问题。其中，比较典型的做法是利用农村宅基地和集体经营性建设用地方面的政策，发展乡村旅游、开发民宿和开展一二三产业融合项目。站在全国来看，乡村旅游和民宿开发等，在近郊农村和自然资源丰富的少数地区存在可行条件，而在全国大多数农村和地区很难成功。从事乡村旅游开发需做好全局规划，避免地区之间发生同质化竞争，避免出现农业"三产化"泡沫。

2019年5月

农村人地关系变化

一、农民的分化

将有限的土地资源向农业经营主体配置,是保障粮食安全的重要手段。经过前两轮土地承包,农村形成了地权分散占有的局面。当前城镇化进程加速推进,越来越多的农民脱离农业生产和农村生活,农村人地关系面临重构。促进土地资源重新配置,成为农村土地制度改革的重点。

改革开放以来,我国城镇化加速发展,第二、三产业就业机会增多,在农民就业上形成对农业经营的替代。农民对土地的依赖性降低,直接反映在农民家庭人均收入构成的变化上。在2015年农村居民可支配收入中,工资性收入首次超过经营性收入,成为农民家庭收入第一来源。

尽管农业收入已经不是农民最主要的收入来源,但它依然是构成农民家庭收入的最重要组成部分之一。2015年农村人均消费支出9222.6元,除去经营性收入之外,农村人均收入为6918.1元,这就是说,农业对于农民维持生活依然必不可少。另一方面,务工收入尽管不断增加,且占农民家庭收入比重越来越大,但是这依然无法支持农民举家在城市定居并过上体面的生活。2015年城镇居民人均消费支出为21392.4元，是农村人均消费支出的2.3倍，超出农村人均收入9970.7元。如果农民放弃农业，进入城镇生活，则不仅收入减少，而且消费支出增加，生活陷入入不敷出的窘境。

农业的意义在于增加农民的家庭收入，并在农村消费支出较低的情况下，维持农民在农村较为体面的生活。当前中国的城镇化还未进入到农民可以彻底摆脱农业和彻底脱离土地的阶段。尽管从总体上看，农业对于农民依然重要，但是具体到个体农民身上，不同农民对农业和土地的依赖程度存在差异。城镇化为农民提供多种就业机会，造成农民家庭收入来源和水平的分化。按照收入来源和水平，农民大体可以分为以下五类。

第一类是高收入农户。这类农户一般具有一技之长或是积累了一定资本，在城市从事经营活动，其中一些人已经在城市购置商品房。这部分农民在国家政策的推动下，有条件实现户籍城镇化。其中例外的是留在农村中的农业经营大户，他们通过流转土地实现农业规模化经营，依靠农业而成为农村中的高收入者。

第二类是举家外出务工的农户。这类农户通常没有上一代老人需要照顾，子女在城市读书或者已经成年并参加工作。这类家庭暂时脱离了农业生产，当其积累较多资金或者技能，未来有条件在城市买房定居时，他们将彻底摆脱对土地的依赖；反之，随着家庭生命周期演变和年龄增加，部分未能定居城市且丧失就业优势的高龄农民工有可能返回农村，重新务农。

第三类是"半工半耕"户。这类家庭属于村庄分层结构中占比最大的中层群体。"半工半耕"建立在家庭内部劳动力分工的基础上，包括夫妻分工与代际分工两种形式。依靠务农和务工两部分收入，这类家庭在村庄中能够维持比较体面的生活。

第四类是纯农户。农村中有一部分农民，由于家庭原因无法外出务工，如老年人重病需要照顾，或者子女即将高考而不愿意外出。这部分纯农户仅靠经营自家承包地无法维持家庭生活，因此通常向外出务工的亲友邻居流转进一部分土地，通过扩大经营面积来提高收入，在村庄中维持中等或以下的生活。

第五类是贫困户，即村庄中的低收入群体。主要包括与子女分家单独生活的老年人、缺乏劳动能力的家庭、缺乏奋斗动力的农村单身群体等。这部分人依靠土地生活，属于农村困难群体。

农业收入在以上不同类别农户的收入构成中所占比重不同，土地的功能也不同。第一类的高收入农户，多数在城市获得稳定就业并有能力定居城市，这部分农户脱离农业生产且家庭收入不依靠土地，对于他们而言，土地具有财产属性，他们保留土地承包经营权并占有农村土地资源，通过流转土地获得租金收益。第二类举家外出的农户，暂时脱离农业生产，他们未来能否成功定居城市，取决于宏观经济形势、个人努力及各种偶然机遇等，这部分农民将农村和土地当作退路。第三类"半工半耕"户、第四类纯农户、第五类贫困户，以及第一类上层收入群体中的种田大户，这几类农户完全或者部分依赖农业收入，重视土地的生产功能，将土地作为基本生产资料。

二、土地制度效率

土地经营权实质是利用土地从事生产经营活动的权利，目前农村土地制度存在的主要问题是，土地承包经营权被大量不从事农业生产的农户掌握。

一是离农户。2016年印发的《关于完善农村土地所有权承包权经营权分置办法的意见》规定，不以退出承包地作为农民进城落户的条件。这意味着，那些已经进城落户的农民与已经在城镇有稳定收入来源和居住条件的农民，将继续拥有农村土地权利。这部分农民控制土地资源，却不从事农业生产经营活动，成为名副其实的"不在村地主"。他们关心土地权利，却不注重土地利用。

这些"离村土地占有人"往往成为土地整治、农村基础设施建设中的"钉子户"，他们阻止任何改变自己土地形态的公共建设活动，宁可将土地放在那里，也不愿意让出土地进行机耕道、渠道建设。[1]再者，这部分离农户的土地与其他农户的土地处于"插花"状态，降低了土地流转效率。离农户将土地当作收取租金的工具，在土地流转过程中，凡是属于国家种粮补贴范围的土地，其租金水平一般会高于未获得补贴的土地，这意味着国家补贴被从实际种植者转移给离农户，最终变成为"级差地租"，这扭曲了国家补贴政策目标。

二是自营种植户。自营种植户包括"半工半耕"户和贫

---

[1] 贺雪峰：《地权的逻辑》，北京：中国政法大学出版社，2010年。

困户,这两类农户主要依靠自家承包地从事生产经营活动,农业收入在其家庭收入中占一定比例,因此,这部分农户具有生产投资积极性。对于自营种植户而言,土地承包权与土地经营权统一,保护土地承包经营权即保护他们自主从事生产经营活动的权利。目前明确四至边界的土地政策固化了土地细碎的局面,削弱了集体统筹经营能力,降低了农业公共品供给效率,同时也提高了农户与社会化服务对接的成本。

三是流转种植户。流转种植户包括种田大户和纯农户,这两类农户都需要流转土地来经营。种田大户的土地规模一般超过百亩,而投入资金购置大中型农业机械,需要稳定的土地经营权来保障投资预期,这一般通过正式流转合同来确定地权关系。普通纯农户的经营面积通常在数十亩之内,可以获得接近外出务工的收入,这类农户的土地流转一般建立在熟人的口头协议上,土地流转费较低甚至是无偿的。对于流转种植户而言,保护土地承包权与保护土地经营权之间存在矛盾。原土地承包户(一般是离农户)将利用土地从事生产的权利即土地经营权,流转给种植户,如果对原承包户的保护太强,就有可能损害种植户的经营权利。流转过程中时常出现的毁约现象,正正体现了承包权与经营权的矛盾。

四是暂时离农户。这部分农民有进城的积极性,但是进城预期不确定,因此倾向将农村土地作为返乡保障和退养手段。暂时离农户珍惜农村的土地权利,他们在进行土地流转时,通常选择较短的流转期限,并禁止流入方在土地上进行大规模建设,以便进城失败后能够顺利返乡。相对于签订固定合同所带来的更高的租金收益，暂时离农户更青睐相对灵活的流转关系，以保留自己的主动权和选择权。暂时离农户的流转对象一般是纯农户，通常是在熟人社会内部完成流转，租金较低，一般以口头形式达成。

在大规模城镇化之前，土地承包户与农业经营户为同一主体，保护承包权与保护经营权具有统一性。土地承包经营制度适应人民公社解体后的家庭经营需求，具有较高的资源配置效率。20世纪90年代中期以后，逐步扩大的城镇化进程造成农民就业方式分化，保护土地承包经营权的制度设置实质是保护承包户的权利。除自营种植户之外，其他几类农户都不同程度地存在承包权与经营权、土地的保障性与生产性等方面的矛盾。承包权与经营权不统一，影响到经营户的投资积极性，降低了土地利用率。随着越来越多的承包户与实际种植经营户分离，土地资源配置问题将进一步显现。

2018年12月

土地"三权分置"

一、土地流转的形式

自2007年左右开始，繁昌县在实施土地整治的过程中探索出"虚拟确权"的做法，而根据"虚拟确权"进行的土地流转实质是一种"反租倒包"。通过土地整治改善农业生产条件，关键是要打破地块，重新平整土地，完善机耕道、农田水利等基础设施配套，以及整治土地基础设施统一建设与土地权利分散的矛盾。繁昌县的一些乡镇整治土地时，将土地统一收回到集体，整治之后再分给农户。土地整治造成了面积变化，以小组为单位，按照每户原来的面积比例同增同减。

土地整治涉及农业经营问题。一些地区将土地重新分配给农户，导致大田变成小田。繁昌地区农村劳动力的转移程度较高，为整治之后的土地流转创造了条件。当地的做法是，对于一些愿意种地的农户，土地平整之后，重新在条件便利的区域给他们集中划分土地，其余的土地统一流转。2009年，繁昌县出台土地流转政策，对规模化土地流转给予奖励。繁昌县借助土地整治项目，打破田块，促进了地权整合和土地流转。

2014年全国推进土地确权，当年中央一号文件规定，"可以确权确地，也可以确权确股不确地"，2015年中央一号文件又规定，严格控制确权确股不确地。繁昌县在国家推行土地确权之前，已经展开了土地整合工作。在执行土地确权工作时，不好将土地重新分到户，因此就提出了"虚拟确权"的做法。繁昌县进行土地确权时，向农民发放土地承包经营权证，只记录面积而不登记田块和四至。当地一些村庄将土地整治为田成方、路成框的形态，一些小组之间的田界被打破，建立了统一的水利系统和道路网格。若是确权确四至，就是倒退，繁昌县因此搞了"确权确面积而不确地块"。

繁昌县通过"虚拟确权"解决了田块分散和"插花"问题，为地权整合创造条件。土地整治之后，愿意种地的农民集中到一片，不愿意种地的农户的土地统一到集体经济组织，委托村集体对外流转，放活了土地经营权。以平铺镇为例，2020年土地流转面积为36515.257亩，占全镇耕地的76%，登记在册的流转主体为168个，平均每个经营户的流转面积为217亩，形成以家庭农场为主导的新型农业生产经营体系。

除地块分散之外，困扰农业经营的还有土地权利问题。农业经营体系更新还需要解决土地承包权与土地经营权的关系问题。

2010年前后，在政府引导与支持之下，当地一些大户在各村完成土地整治之后，进行大规模的土地流转，有的达数千亩。这类大户经营效果不好，几乎年年亏钱，因此退出流转或是转包土地。工商资本很快被几百亩规模的家庭农场替代。经过10多年的发展，繁昌县的土地流转现有三种形式。

第一种是土地整治之后,农户将土地委托给村集体,由集体统一对外流转。农户与集体签订委托协议,集体再与大户签订由繁昌县统一制定的流转合同。甲方是村委会,乙方是种田大户,乡镇经管站鉴证备案。大户拿着这份合同,可申请流转县财政补贴(国家补贴归承包户)。

第二种是村民小组与大户签订流转合同。合同形式相同,甲方变成村民小组,乙方是种田大户,村委会和乡镇经管站鉴证,小组代表或者各户农民在合同附页上签字。大户拿着这份合同享受补贴政策。

第三种是大户直接与农户签合同,村里与政府不介入。这种流转规模一般很小,流转期限不固定,往往是种一年算一年。这种流转一般发生在没有经过土地整治的村庄,土地不容易种,种田效益不好,大户不愿意长租,土地租金较低。

初期,繁昌县以第一种土地流转形式为主,政府也倡导第一种形式。这种形式存在的问题在于,集体实施"反租倒包",存在土地流转不出去或是土地流转费收不回来的风险。2017年左右,粮价大跌,当地一些村庄的大户纷纷退租,村干部面临巨大压力。还有一些村庄存在土地租金欠缴问题。村集体在土地流转中不仅没有任何收益,还要承担风险,因此积极性不高。

一些村集体不愿意承担土地流转责任,因此鼓励农民以小组为单位实施土地流转。这样做的好处在于,实施土地流转时,每一个农户直接参与,小组召开代表会或是户主会,公开讨论土地流转事宜。土地流转之后,农户可直接监督大户的经营和租金收缴，万一出现问题，则是农户与大户之间的矛盾，村委会和政府起协调作用。

在农户心目中，村委会的行政色彩强，村集体实施土地流转，所有的风险由村里和政府承担。相对而言，以小组为单位的土地流转，更具有市场性且更体现农民的主体性，政府的责任较小。

政府直接组织土地流转，效果往往不好，因为没有发挥市场的资源配置作用，农民不承担市场风险、经营风险和监督责任。政府组织土地流转之后，一旦出现大户经营失败或是退租问题，农民只向政府索要租金，结果是所有的麻烦都被推到政府那里。政府一头要安抚民意，另一头只好通过提高补贴来引入新的经营主体，由此被捆绑，吃力不讨好，甚至出现"政府养荒"的现象。

二、土地经营权的性质

经过确权之后，土地承包经营权被固定下来。为了破解地权分散与农业经营相对集中的矛盾，国家提出了农村土地"三权分置"改革。土地承包权与土地经营权如何划分，取决于农业发展的定位。

义兴村地处繁昌县耕作条件最好的五连圩区域，是繁昌县的两个粮仓之一。义兴村总人口为2945人，820户，总面积7.7平方公里，耕地面积5500亩。2010年义兴村实施"增减挂钩"整村推进，拆除650户并集中安置。之后，经过土地整治，农户的土地被集中到村委会，由集体对外统一流转。当年流转费为每亩200元，现在为每亩655元（按照500斤中稻折算）。

2010年，义兴村将土地流转给一家名为金丰粮油的省级农业龙头企业。金丰粮油计划将流转土地建设为粮食生产基地。流转土地后第一年，企业就将土地分包给本村的小户。金丰粮油不种地，而是通过与村里签订流转合同来赚取繁昌县发放的每年每亩80元的土地流转补贴。村民对企业从政府凭空赚取补贴，感到不满，要求村里改变土地流转方式。2014年金丰粮油的合同到期之后，义兴村召开村民代表会，规定优先本村村民承包土地。

2014年实施新的土地流转办法。村里按照土地整治后的图纸划分流转标段，每个标200亩左右，并进行公开招标，每个村民可投一个标。假设某个标段出现多人投标，则由标段所在村民组的村民代表打分评选，村民代表相信哪个人，就将土地流转给谁。当时全村划分了20多个标段，共30多人投标。全村5000多亩土地，由20多个本村大户耕种，每户平均200多亩。

在2010年实施土地整治和集中流转之前，义兴村内部已经出现了一些自发的土地流转。当时的流转协议以口头形式为主，费用较低，村庄里由此形成"中坚农民"。土地整治之后，这批"中坚农民"被大规模流转挤出。2014年采取新的流转方式之后，之前那批"中坚农民"中的一些人重新流转土地，形成家庭农场。耕种土地的农户可从政府获得每亩80元的流转补贴。在社会化服务健全的条件下，夫妻种植200亩属于适度规模经营，每年每亩纯收入达两三百元以上。种植水稻一般需要半年的劳作时间,这些经营家庭农场的农户下半年还可以务工。务农、务工以及其他副业收入加起来,每年收入达10万元以上。因此,当地农民有种地的意愿。

这些本村种植户的流转合同一般签3年。2017年合同到期之后,义兴村的种植户续签,租金按每亩450斤中稻折算。2018年粮价下跌,再加上农资上涨,很多种田户亏损,种田大户要求下调租金。村里召开村民代表大会,同意大户退出合同,土地重新流转。

2018年,义兴村将土地流转信息挂网,重新引入社会经营主体。其中一家合肥企业成立了五连圩公司,流转本村土地1600亩,加上邻村1900亩,共3500亩,种植莲藕。义兴村剩下的3000多亩土地流转给另外几个老板,其中两户共流转2000亩养殖龙虾,一户流转580亩搞多种经营(包括钢架大棚种植草莓、养黑斑蛙和龙虾等)。

土地租金太高,挤压了粮食种植的效益。农民不愿意降租金,造成本村从事粮食作物种植的家庭农场退出。一些从事特色种养的社会资本重新流转土地。发展特色种养的投资高、风险高,回报也高,社会资本对土地租金不太敏感,要求较长租期。2018年新进入的经营主体,与村里签订的土地流转合同一般是到2025年,五连圩公司的流转期限是到2035年。

土地是用于普通大田作物种植,还是用于发展特色种养业,对土地经营权的性质要求不同。水稻种植由于涉及较少的固定投资,投资周期短,合同甚至可以一年一签。由于粮食作物种植利润低,再加上自然风险高,还存在粮价波动,粮食种植户一般不愿意签长期合同。而发展特色种养业的企业是长期投资，需要稳定的土地权利，因此他们倾向于签订长期流转合同。

并且，发展特色种养业要在土地、基础设施等方面投入大量资金，却不一定能够短期有回报，经营主体的资金压力较大，因此希望拿土地经营权抵押。企业不仅需要土地的使用权利，还希望获得土地的处置权利。问题在于，土地经营权并无财产价值和抵押功能。

从粮食种植的角度看，土地经营权需要重点解决土地细碎和地权分散问题，土地经营权可相对灵活。繁昌县的"三权分置"改革通过土地整治和"虚拟确权"解决了这个问题。从发展特色种养业来看，存在土地经营权的稳定性问题，它所要求的土地权能不同于一般种植户。从比例上看，用于种植粮食的土地规模大于特色种养业用地。土地"三权分置"针对的主要矛盾是前者而不是后者。

三、农地抵押为何不可能

受"私有权利更有效率"的信念影响，我国农地制度一直被推动着朝强化农户权利的方向改革。经过确权办证，农民吃上了"定心丸"。

意外的是，稳固的土地承包经营权并没有带来农业生产效率的提高，反而在很多方面给农业经营和农业现代化造成了阻碍。其中的症结在于，在城镇化的背景下，农民高度流动和分化,今天的农民已经不是最初承包土地的农民。当前农村土地制度的基本矛盾发生了变化,由20世纪八九十年代土地集体所有与农业分散经营的矛盾,调整为土地分散占有与农业现代化的矛盾。

也就是说,现有的土地被农户分散占有的权利形态,已经不利于农业经营体系创新、农业机械化运用、农业适度规模经营。生产关系束缚了生产力的发展。

在此背景下,国家启动"三权分置"改革,将土地承包经营权一分为二,形成独立的土地经营权和土地承包权,试图通过经营权流转来释放土地生产功能。"三权分置"是为了破解现有土地制度矛盾,解决土地分散占有与农业适度规模经营的矛盾。

实施"三权分置",重点要处理土地承包权与土地经营权的关系。对于土地经营权,有一种观点主张将其变成物权。其背后的逻辑是,土地经营权越是稳定,则越是能巩固经营者的预期,激发其生产投资积极性。这与早期推动土地承包关系稳定的逻辑一致。

对于主张将土地经营权变成物权,还有一种理由是,物权化的土地承包权具有财产属性,可用来抵押,以此来解决农业生产经营者面临的资金不足问题。

事实上,土地经营权抵押是不可能的。

首先,任何抵押物都因其具有财产价值才会被接受。经营者从农民手中流转土地,双方签订合同,约定土地流转费,而这通常有两种支付方式。第一种是"先付后种",即付完土地流转费，经营者才能从事农业生产经营活动。第二种是"先种后付"，即种植完成之后支付土地流转费。农业风险很大，"先种后付"的风险也很大。所以农民、集体以及地方政府，一般要求经营主体"先付后种"，否则出现经营亏损，土地流转费无人支付，会引起很大的社会矛盾。少数经营主体"先种后付"，一般是由地方政府担保的。

通常的做法是"先付后种"，经营主体付一年种一年，种完再付。没有支付土地流转费时，土地经营权属于"债务"，只有支付了土地流转费的土地经营权才具有财产价值，且价值额度不超过一年的流转费。按照武汉市周边每亩600元左右的土地流转费计算，每亩土地经营权的资产价值最多不超过600元。若是某个经营者流转1000亩，且支付过当年的流转费，则这1000亩的资产价值不超过60万元。拿着1000亩的土地经营权到银行抵押，折半的话，可获得30万元的贷款。

没有支付流转费的土地经营权作为"债务"是不可能抵押的。已经支付流转费的土地经营权，尽管具有理论上的资产价值，但是银行一般也不会接受。因为银行只接受一年的经营权，土地只有被很好地经营才能产生价值。银行不种地，也不能轻易处置一年的土地经营权（农业生产具有农时性，哪怕只耽搁十天半个月，当季生产也会受影响，土地价值受损）。因此，土地经营权的财产价值只能停留在理论上。

还有一种抵押是指，一次性支付多年的土地流转费，相当于经营者从农户手中买断多年权利。比如一次性支付20年流转费，按照1000亩算，共计1200万元。然而，几乎没有经营者会这么做。因为按照10%的利息算，每年财务成本达到120万元，甚至超过农业种植的总产值。所以，不会出现农业经营者一次性支付多年的流转费，然后再用土地经营权去抵押的做法。

唯一需要抵押的，是流转土地之后的非农生产或是高附加值的作物种植。比如，流转1000亩土地后，发展旅游观光采摘，搞大规模的固定资产投资。搞这种投资的人，希望放开土地经营权抵押，目的是对土地上的其他资产进行抵押。这与种植业无关。

国家推行土地"三权分置"，主要还是为了解决种地种粮问题。种地种粮的经营主体所面临的资金问题，可通过其他方式解决，如政策性贷款。一些地区推行的土地经营权抵押试点改革，依靠政府推动银行接受抵押，本质是政策性贷款。土地经营权抵押的困难很大。

2021年1月

放活土地经营权

20世纪80年代初期，集体通过土地承包，向农民配置土地资源，成功地解决土地集中所有与土地分散利用的矛盾，适应了农业经营体制变革需求。随着经济社会形势变化，当前阶段土地制度面临着地权分散控制与农业相对集中经营的矛盾，需放活土地经营权来解决资源低效配置问题。放活土地经营权存在不同的路径选择。

一、日本与我国台湾地区的实践

美国经济学家刘易斯等人的研究指出，发展中国家在走向发达阶段之前，普遍存在以传统农业部门与现代工业体系为基础的城乡二元就业市场，更高的劳动生产率和工资报酬吸引农业劳动力流入城市，直至城乡均衡。[1]在农村劳动力被吸纳到城市就业之前，大量人口依附在土地上，伴随城乡二元就业市场逐步被打破，城市化推动农村人地分离，农业经营方式发生变

---

1 ［美］阿瑟·刘易斯编著：《二元经济论》，施炜等译，北京：北京经济学院出版社，1989年。

化，进而引发土地资源重新配置的需求，并表现为土地制度问题。城市化会倒逼土地制度改革，该过程在更早进入城市化、工业化阶段的日本与我国台湾地区已经发生过。日本和我国台湾地区同样面临着人地关系紧张问题，过去几十年中，其调整土地制度的基本目标是提高资源配置效率以增加农产品供给，其历史经验对于我国当前农村土地制度改革具有参考价值。

日本与我国台湾地区在20世纪四五十年代都进行过土地改革运动，向农业耕作者配置土地资源。日本政府于1946年启动土地制度改革，出台强制性政策，向地主购买土地并限价向佃农和少地农民出售。通过改革，"日本形成了以小规模家庭经营为特征的农业经营方式，据统计，1950年，日本共有农户618万户，户均耕地0.8 hm²，其中1 hm²以内的农户占77.5%，2 hm²以上的农户不到3.5%"，[1]促进了土地平均化。1949年之后我国台湾地区也开始启动土地改革运动，通过"三五七减租""公地放领"和"耕者有其田"等政策，逐步打破地主所有制，推动土地向农民分配。经过一系列政策实践，1953年底，台湾全省征收放领耕地14.8万公顷，7.8万户佃农从地主处购得土地4.13万公顷，自耕农与佃农的比例由1949年的36∶39调整为1960年的64∶15。[2]经过改革，"台湾的乡村结束了一小群大地主阶级的统治，变成了一个以拥有极少土地的大量自耕农为主要特征

---

[1] 韩鹏、许惠渊：《日本农地制度的变迁及其启示》，《世界农业》2002年第12期。
[2] 陈海秋：《台湾地区50年来土地政策的三次变化》，《中国地质矿产经济》2002年第11期。

的社会"[1]。日本和我国台湾地区在20世纪六七十年代以后之所以走上经济腾飞的道路,与土地制度改革有莫大的关系。

以日本为例,自20世纪50年代中后期开始,日本经济开始高速发展,推动农业劳动力向外流出。前期改革所形成的地权平均格局对农业的负面效应逐步显现,包括土地细碎化对农业生产的影响,此外,农业兼业化现象普遍,农业劳动力老龄化越来越严重。统计显示,"从1960年到2011年,日本劳动力人口中的农业人口比重从30%下降到2.5%左右,而且其中65岁以上占61%,平均年龄为65.9岁"[2]。与日本出现的情况类似,我国台湾地区的小规模土地占有状态的负面效应自20世纪六七十年代也开始显现,表现为农业复种指数下降、农业副业化趋势加剧、农业兼业化比重提高、土地弃耕现象增加等。[3]针对上述问题,日本和我国台湾地区在六十七年代以后都实施了新的土地制度改革,主要目标是推动地权从分散走向相对集中以适应经营方式的变化。

日本政府于1962年修改土地法,放宽对农户拥有土地面积上限的限制,并放宽土地所有权转让限制,目的是通过土地所有权转让来扩大农户经营面积。实践中,两方面原因造成了土地所有权转让政策失败:一是农业机械化缩短了劳动时间,

---

[1] Alice H. Amsden: "The State and Taiwan Economic Development", p. 85,转引自高兴松《小农制与台湾农业的发展》,《台湾研究集刊》1999年第2期。
[2] 高强、孔祥智:《日本农地制度改革背景、进程及手段的述评》,《现代日本经济》2013年第2期。
[3] 郭德宏:《中国国民党在台湾的土地改革》,《中国经济史研究》1992年第1期。

加剧农业兼业化；二是同期地价上涨，降低了农民转让土地意愿，农民将土地当作资产保有。[1]有鉴于此，从20世纪70年代开始，日本政府重新制定政策，鼓励农户通过土地租赁来扩大经营面积，试图通过使用权流转的方式解决前期所形成的地权分散问题。与农业人口和农户数量下降速度相比，日本农业经营规模化速度十分缓慢。日本农户数量从1960年的606万户下降到1995年的344万户，降幅为43%，日本农业从业人数从1960年的1423万人减少到1995年的382万人，降幅为73%。同一时期，日本户均经营规模由1960年的0.77公顷变为1995年的0.92公顷，提高19.5%，经营规模扩大幅度与农业人口下降幅度不成比例。[2]

我国台湾地区从20世纪70年代开始放宽土地所有权交易限制，当局出台金融扶持政策帮助农场扩大经营规模。1980年地区农户为89万户、户均耕地面积1.02公顷、劳均耕地面积0.71公顷，1990年分别是85万户、1.04公顷和0.8公顷，政策效果不明显。[3]因所有权流转政策效果不佳，近年来台湾地区又推行"小地主、大佃农"政策，尝试通过租赁方式促进土地资源向农业经营者集中。

从日本和我国台湾地区的农业实践经历中可以看出，私有土地制度不利于土地资源优化配置。日本政府1961年出台的

---

[1] 高强、孔祥智：《日本农地制度改革背景、进程及手段的述评》，《现代日本经济》2013年第2期。

[2] 唐茂华、陈丹：《农地规模经营的历史进程和时机选择》，《长白学刊》2009年第4期。

[3] 王景新：《中国农村土地制度的世纪变革》，北京：中国经济出版社，2001年，第419页。

《农业基本法》确立"自立经营农户"目标,预计"经过10年时间,全国农户数量可以从600万户下降到300万户……农户的规模可以扩大一倍",但是政策实践的实际结果是,"1960—1970年农户总数只下降了1.2%……兼业化经营现象反而更普遍"。[1]其原因在于,对于农民而言,土地具有资产价值,在地价上涨的预期下,农民很少选择转让土地所有权。

台湾地区农民对于土地出售的积极性也不高。台湾地区学者林英彦总结农民惜售土地的原因包括:1.土地为祖遗财产,不可轻易处分;2.目前没有使用大笔资金之需要,卖了土地所得价款不知如何处理;3.土地不卖,留着只会涨价;4.万一子女在都市失业,回来有地可种,耕地等于保险金。[2]

二、另外一种经验

在农村土地承包经营之外,我国还存在国有农场这一农业经营组织形式。20世纪80年代初期,国有农场仿照农村推行职工家庭经营,以租赁方式向经营户配置土地资源。由于国有农场在资源配置过程中具有自主性,能够因时因地以及根据经济社会条件选择合适的资源配置方式,并随着外部条件变化做出制度调整,因而可以很好地适应城镇化发展趋势,化解人地矛

---

1 郭红东:《日本扩大农地经营规模政策的演变及其对我国的启示》,《中国农村经济》2003年第8期。
2 林英彦:《台湾地区之农地流动化政策》,《人与地》,第80页,转引自高兴松《小农制与台湾农业的发展》,《台湾研究集刊》1999年第2期。

盾，并实现资源优化配置。

以江苏某农场为例，该农场保有耕地面积5.9万亩，农场在册职工2055人，目前实际参加农业生产的职工为255人，脱离农业生产岗位的职工1800人。在职工大规模转移就业之后，该农场实施公司化种植模式，255个在岗职工负责经营和管理，田间作业实行全程机械化。该农场在80年代初曾实施过职工家庭经营体制，将土地分配到一家一户，但随后当地第二、三产业蓬勃发展，吸收农场职工就业。顺应劳动力转移趋势，农场将职工退还的土地重新集中控制，并逐步发展出公司化经营模式，通过集约化经营，实现成本控制、产量提高和品质提升等目标。国有农场在城镇化进程中，没有陷入人地关系锁定的局面，成功满足农业经营方面变化所引发的资源配置需求，与农场的土地制度有关。

一是农场与职工保持债权关系。经过一系列改革，农村土地承包经营权变为物权，农户通过承包获得的土地权利脱离了农业生产目的，逐步变成一项独立的财产权利。这就意味着，农户是否从事农业生产经营活动，并不影响其对土地的控制。与农村不同，农场与职工之间保持债权关系，双方在土地租赁过程中约定权利义务，并按照土地租赁合同执行。农场向职工配置土地的目的是，赋予职工对土地的生产经营控制权和剩余索取权，激励职工积极生产，以提高土地利用效率。实际从事农业生产经营，是职工获得土地权利的必要条件，一旦职工放弃农业生产经营，就需要向农场退还土地。

二是实行"两田制"。大部分农场将土地分为"口粮田"

与"经营田"两类。"口粮田"按照职工身份平均分配,基本无偿,职工退休后交回农场。剩下土地为"经营田",实施竞价租赁,农场职工及其成年子女通过公开方式获得。通过"两田制",土地的保障性与生产性得到区分,"口粮田"保障社会公平,"经营田"按照效率原则配置。

三是收取土地租赁费。针对农民负担加重问题,2006年下发的《关于做好当前减轻农民负担工作的意见》规定:"严禁向农民家庭承包的土地收取土地承包费。"这之后,农民不仅不承担土地费用,而且可以获得种粮补贴,很多农民重视土地权利是出于流转获益的目的,土地承包经营权变成单纯占有权利。农村出现土地抛荒现象,与土地承包经营权无成本持有制度有关。国有农场按照市场价格收取土地租赁费,形成地权持有成本,避免出现"占有"而不利用土地的行为,激励土地资源向种田能手配置。

四是土地租赁期限较短。农村第二轮土地承包政策坚持"30年不变",十七届三中全会进一步提出土地承包关系"长久不变"。这意味着,农民一旦放弃土地承包,其获得土地的权利至少30年丧失甚至长久丧失,因此农民都不愿意放弃土地权利。国有农场的土地租赁期限一般为5年,到期之后,实施土地重新配置。上一个租赁周期放弃农业生产的职工,如果有意转向农业生产活动,在下次土地租赁中可获得土地资源。国有农场的土地资源配置不存在"长久不变",保留了职工的租赁预期,这方便职工在农业与农业之外自由选择就业。

五是禁止土地转包。很多国有农场在租赁合同中明确禁止职工转包土地，职工放弃农业生产经营活动之后，需要将土地归还农场，由农场统一集中配置。职工获得的土地经营权为债权性质，职工不具有处分土地的权利。禁止土地转包，可维持农场在土地资源配置中的主体地位。

在城镇化进程中，与普通农村相同，国有农场的职工也存在职业和收入分化，这导致职工家庭对土地依赖程度的分化，以及不同类型职工的地权诉求差异。基于以上几个方面的制度设置，国有农场很好地适应了快速城镇化进程中的人地关系变动格局。农场通过实行"两田制"，避免农村均分土地所产生的保障性与经营性矛盾；同时，通过灵活的土地租赁制度，适应职工在城乡之间自由就业选择，从而为进城失败职工保留退路，发挥土地的兜底功能；有偿租赁制度取消土地的财产性，保持土地的生产资料属性，避免对土地的财产性占有，促进土地资源优化配置。

三、农村的出路

城市化和工业化会改变劳动力配置和农业经营方式，进而引发人地关系变动。我国农村现有地权格局与土地承包经营制度有关。20世纪80年代初期，我国农村开始全面实施家庭联产承包责任制，在不改变集体所有制的前提下，以土地承包经营权的形式向农户配置土地资源，实现地权向耕作者分散化配置。实施家庭联产承包责任制后，我国工业化和城镇化进程逐步加快，土地承包经营权分散控制的矛盾日渐显现。该过程与日本和我国台湾地区六七十年代以后的经历十分相似。

日本和我国台湾地区早期实施土地改革运动，改变了之前地权占有高度不均的状态，但是并未触动土地私有制。这限定了之后进一步改革的制度路径，即，城市化和工业化所引发的地权矛盾，必须在小土地所有制的前提下解决。从农业经营的角度看，城市化虽然使农村劳动力流出，但是这部分脱离农业生产的人口并不必然放弃土地权利。

在土地私有制下，"土地规模经营的政策只能是引导性的，必须得到农民的充分理解和支持，而不能采取强制执行的措施"[1]，即，土地资源重新配置建立在个体农民自愿转移权利的基础上。农民恋土情结、农户地权诉求分化、土地细碎化等提高了地权转移的交易成本，致使资源配置矛盾长期得不到解决。日本和我国台湾地区的实践教训在于，分散到千家万户的私有地权很难通过市场手段重新配置，个体化的资源配置模式无法解决城市化以后的土地经营权放活问题。

通过比较可以看出，国有农场的制度安排能够更好地解决土地经营权放活问题。国有农场采用一定期限的土地租赁制度，适应快速城镇化过程中的农业人口在城乡之间流动的状态，让务工者即时退还土地资源，让务农者获得土地经营权，实现资源灵活配置。另一方面，农场坚持禁止土地转包政策，坚持作为地权的重新配置主体，避免分散的地权主体与分散的

---

[1] 王景新：《中国农村土地制度的世纪变革》，北京：中国经济出版社，2001年，第423页。

经营者之间"多对多"的交易方式，降低资源重新配置的谈判成本，实现资源高效配置。

国有农场的组织化配置模式体现了土地公有制的优势。农村土地属于集体所有，通过适当的制度设置，可发挥集体经济组织在资源配置中的作用，实现土地经营权放活。国有农场的组织化配置模式，对于当前农村土地制度改革具有借鉴价值。

2018年12月

国有农场的经验

一、农业经营体系问题

家庭经营、集体经营、合作经营和企业经营等是我国当前存在的几种主要农业经营方式。在生产要素投入不变和特定技术条件下,何种经营方式更有效率,是推动农业经营体系创新时必须回答的基本问题之一。

近年来我们对国有农场经营方式进行研究,调查中发现,农场的农业经营效率普遍高于当地周边的普通农村。国有农场在土地单产、成本控制和粮食质量等方面通常要优于农村。2015年全国农垦的土地单产达到每亩489千克,高出全国平均水平30%以上。另外,农场的机械化率高达86%,比全国平均水平高出29%,农垦的耕地有效灌溉面积占耕地总面积的63%以上,超出全国平均水平12%。[1]在科技贡献率与农业生产技术推广和应用方面,农垦系统相较普通农村也具有优势。

国有农场较高的农业经营效率来源于其组织化优势。大部分农场虽然实行与农村相似的家庭承包经营,但调查发现,农

---

[1] 周琳:《农垦有望率先实现农业现代化》,《经济日报》2013年10月31日08版。

场的职工家庭经营实现了有效激励，统筹经营也比农村落实得更好，真正发挥了"双层经营体制"的优势。除此之外，农场的土地制度安排也为其经营方式的改进提供了灵活空间，一部分农场超越家庭分散经营形态，采用各种形式的组织化经营方式，带来了经营效率的提高。作为国有农业经济骨干和我国农业经济体系重要组成部分的农垦，为我国当下的农村农业经营体系创新提供了政策启示。

二、农垦与国有农场

到2015年底，全国31个省区市的35个垦区，共有1785个国有农场，占有耕地面积632.54万公顷，职工数287.7万人，实现农业总产值3449.7亿元，粮食产量3665.1万吨。2015年中共中央、国务院下发《关于进一步推进农垦改革发展的意见》，赋予农垦率先实现农业现代化的任务。国有农场是农垦体系的基本实体单元。与农村相似，从20世纪70年代末开始，农场的农业经营也经历过从统一经营向家庭经营的体制转变。1979年国有农场开始恢复生产责任制；1981年试行联产计酬办法和取消农工固定等级工资制；1982年实施家庭联产承包责任制；1992年以后推行"两自理、四到户"改革。[1]随着农垦经营体制改革推进，"大集体"生产取消，农场与职工通过生产承包合同的形式进行土地要素配置和生产经营权利分配，形式上与农村家

---

[1] 国家农垦局课题组：《创新和完善农垦农业经营体系研究》（农业部软课题报告），2013年。

庭承包经营相似。

2016年7—10月，我们在全国选择了6个比较具代表性的垦区展开调查。其中，黑龙江农垦与广东农垦属于全国仅有的两个中央直属垦区，实行省部（农业部）共管，垦区的财政预算、部分基本建设投资、国有资产管理由中央负责，干部管理、人事党务工作等由地方党委政府负责。江苏垦区、安徽垦区和宁夏垦区由所在省市管理，湖北垦区的各个农场则被下放到地方县市区管理。以上6个垦区代表当前我国农垦系统的三种主要管理体制，除此之外，担负屯垦戍边任务的新疆农垦还保持兵团管理体制。

在垦区内部经营管理上，黑龙江、江苏、广东、宁夏和安徽都实施垦区集团化改造，组建垦区集团公司，在省级层面实施垦区行政管理部门与集团公司"一个机构两块牌子"运作管理。湖北垦区的国有农场下放到地方之后，成立县处级或者乡镇级管理区，作为政府派出机构，具有行政职能和财政权限，并实行管理区与国有农场"一个机构两块牌子"运作管理，具有政企合一性质。

农场作为农垦的基本实体单元，其内部经营方式也存在较大差异。按照《关于进一步推进农垦改革发展的意见》的规定，农场实施"以职工家庭经营为基础、大农场统筹小农场的农业双层经营体制，积极推进多种形式的农业适度规模经营"。在遵循基本经营体制的基础上，各个农场根据作物类型、自然与经济社会条件、人地资源关系等因素，发展出多种经营形式。其中，最关键的因素是各个农场的土地（耕地）经营管理制度。黑龙江垦区实行"两田一地"制度，湖北和安徽垦区实行"两田制"，江苏垦区积极推动土地集中经营，广东垦区实行场内承包、场外租赁制。同一垦区内部的各个农场在对垦区土地经营管理制度的执行上也存在差异。而农村与之不同，国家未对农村土地做出同一制度安排，这为各种地权合约选择提供了制度空间。土地经营管理制度及其执行差异，造成土地资源配置方式的不同，并形成不同的农业经营方式。本次调查的六垦区的管理体制和农业经营方式，见表4。

表4　六垦区的管理体制和农业经营方式

	黑龙江垦区	广东垦区	江苏垦区	宁夏垦区	安徽垦区	湖北垦区
垦区管理	省部共管	省部共管	省级管理	省级管理	省级管理	县市管理
内部管理	垦区集团化	垦区集团化	垦区集团化	垦区集团化	垦区集团化	农场分散管理
土地经营管理制度	身份田+经营田+机动地	承包地+租赁地	土地逐步向公司集中	经营田承包+四荒地拍卖	身份田+经营田	税改田+经营田
主导经营方式	"六统一"基础上的家庭经营、合作经营	联产计酬经营、职工家庭承包经营	公司化经营、模拟股份化经营	职工家庭承包经营	职工家庭承包经营	职工家庭承包经营

注：在黑龙江垦区调查的农场为850农场、858农场、庆丰农场；在广东垦区调查的农场为团结农场、幸福农场、平岗农场；在江苏垦区调查的农场为淮海农场、新洋农场、琼港农场、新曹农场；在宁夏垦区调查的农场为前进农场、贺兰山农牧场；在安徽垦区调查的农场为皖河农场、淮南农场、敬亭山茶场；在湖北垦区调查的农场为龙感湖农场、南湖农场、三湖农场。

三、农场的经营方式

国有农场属于企业性质的经济组织。农场的农业经营方式可理解为，农场与职工（以及其他经营主体）针对土地经营控制权分配和农业经营收益分享所形成的合约关系。当前国有农场主要存在几种经营方式。

（一）联产计酬经营

联产计酬是一种农场统一经营方式下，为提高管理效率而采取的生产责任制。联产计酬经营为广东、海南和云南等几个垦区从事橡胶种植的农场所广泛采用，本次调查的广东垦区团结农场和幸福农场即存在这种经营方式。在具体操作上，职工向农场承包一定数量的橡胶树日常管理任务和割胶任务，按照农场统一安排和技术标准（包括割胶手法）从事橡胶园的承包管理工作，通过农场的考核后，职工按橡胶树株数获得管理工资，并根据上交橡胶数量获得一定劳务报酬。以团结农场为例，农场核定每个职工对约1600株橡胶树的生产管理责任，职工平均年收入3.29万元。在联产计酬方式下，种苗、肥料、农药等主要生产资料由农场投入，技术标准由农场制定，产品也归农场所有，市场环境和自然因素造成的经营风险由农场承担，农场掌握经营控制权和剩余索取权。承担部分生产作业任务的职工与农场存在雇佣关系，不构成独立经营主体。在联产计酬这种雇佣制下，企业对职工的管理方式得到优化，同时又不改变农场的统一经营性质。

（二）职工家庭承包经营

职工家庭承包经营是当前各个农场普遍存在的经营方式，农垦总局统计显示，2012年底全国垦区实施职工家庭承包经营的耕地占总面积的82.4%。[1]职工通过承包租赁合同从农场获得土地生产经营权利，向农场上缴一定土地费用之后，职工具有生产决策、用工选择、生资购置和产品销售方面的自主权利，职工家庭成为面向市场的独立经营主体。国有农场实施的职工家庭经营承包方式与农村家庭承包经营方式的差别在于，它避免"一包了之"，强调农场在基础设施建设、公共服务、产品布局、市场开发、产品销售等方面发挥统筹功能。例如，黑龙江垦区发展出"六统一"的管理模式，湖北垦区的各个农场坚持实施作物产品布局规划、农田水利统一供给和"统防统治"技术服务指导。农场的家庭承包经营建立在大农场的统筹经营基础上，职工通过土地承包租赁获得剩余索取权和部分经营控制权，承担统筹功能的国有农场也拥有部分经营控制权。对土地经营控制权的分割标准是，职工在一家一户可以独立完成的私人生产环节拥有权利，农场在具有外部性的公共生产环节承担责任。在本次调查的黑龙江垦区、安徽垦区、湖北垦区和宁夏垦区的全部11个国有农场中，职工家庭承包经营形式都占主导地位。另外，江苏垦区的新曹农场的一半土地，以及广东垦区的平岗农场，也主要采用这种经营方式。

---

[1] 国家农垦局课题组：《创新和完善农垦农业经营体系研究》（农业部软课题报告），2013年。

(三)合作经营

合作经营是在职工家庭承包经营基础上发展出来的一种经营方式。截止到2012年底,全国农垦共有合作组织5440个,成员数量38.3万人。[1]合作经营是在不改变职工与农场合约关系的基础上,再增加职工经营主体之间的一层合约,通过合作来弥补单个职工家庭经营组织在生产经营方面存在的不足。黑龙江垦区单个职工家庭平均经营面积为全国之首,按照农业从业人员计算,全垦区人均耕地资源50多亩,截至2013年底,从事水田种植的职工家庭农场面积超过75亩的占75.4%,在经营旱地的家庭农场中,面积超过75亩的占44%。[2]尽管户均50亩水田或75亩旱地的承包面积远超过全国的户均9.13亩,[3]但是受规模限制,依然存在家庭劳动力季节性闲置和大中型机械利用不充分等问题。为突破职工家庭承包经营方式的局限,黑龙江垦区近年来确立发展合作社的农业经营体系创新思路,截至2015年底垦区发展合作社3583家。[4]生产合作是合作经营的主要形式,在具体操作上,按照参与者承包的土地面积比例进行资金投入和产品分配,在耕种收等中间生产环节上实现不同经营户在"劳

---

[1] 国家农垦局课题组:《创新和完善农垦农业经营体系研究》(农业部软课题报告),2013年。
[2] 农业部农垦局编:《全国农垦农业经营体系改革创新研讨班典型材料》(内部资料),2014年。
[3] 2006年农业普查显示,全国农业经营户约2亿户,农业从业人员3.42亿,户均耕地9.13亩,劳均5.3亩。参见张路雄《耕者有其田——中国耕地制度的现实与逻辑》,北京:中国政法大学出版社,2012年。
[4] 农业部农垦局编:《全国农垦农业经营体系改革创新研讨班典型材料》(内部资料),2014年。

动力和机械上的合作",并增强统一采购、管理和销售等方面的能力。[1]生产合作经营打破参与者之间的土地界限,由合作组织统筹安排生产活动,生产控制权从单个职工家庭转移到合作组织。

(四)模拟股份化经营

与黑龙江垦区通过合作经营来改进职工家庭承包经营方式的思路不同,江苏垦区经过20世纪八九十年代的职工家庭承包经营阶段之后,逐步发展出模拟股份制的经营方式。具体操作是,从事农业生产的职工联合起来成立模拟股份体,向农场承包土地,模拟股份体作为生产经营主体,内部按照企业化方式进行统一经营管理。职工持有一定股份,并按股出资,年终分红。农场也参与模拟股份经营,占多数股份,农场干部承担模拟股份体的经营管理职务,入股职工按亩获得田间管理工资,但必须参与田间管理劳动,禁止"以资代劳"。以淮海农场为例,该农场内部管理规则是,参股的务农职工占35股(1亩1股),组织生产管理的生产队长占68股,分场主任与同级别的各个农业技术部门主任占80股,剩余约60%为农场股份。在模拟股份化经营方式下,与按股份分配制度相匹配的是严格考核制度和绩效工资制度。如果说合作经营是家庭分散经营的补充的话,模拟股份制则直接突破家庭经营方式,属于股份体的组织

---

[1] 刘凤芹:《土地规模经营效率和农业经济组织绩效研究》,大连:东北财经大学出版社,2011年,第113页。

化经营方式。农场通过控股在模拟股份体中重新获得土地经营控制权,在实际操作中,几乎所有的生产经营决策都由农场做出。另一方面,参股职工不仅是直接生产劳动者,还占有一定股份,享有一定剩余索取权,与传统的农场集体统一经营方式下的等级工资制度相比,模拟股份制的激励性更强。近年来,江苏农垦集团总公司为筹备上市,将模拟股份制进行规范化,并改造为联合生产承包方式。二者在操作上存在一些细微差别,但农场与职工的合约关系以及内部管理方式基本相似。

(五)企业化经营

由于江苏垦区部分农场的第二、三产业发达,大量劳动力向外流出,农场探索出了企业化经营方式。具体操作为:在原国有农场内部分离成立专业从事种植经营的农业公司,公司向农场租赁获得土地经营权利;原农场的技术服务部门,如水利中心、农机中心转移到农业公司;农业公司内部分为数个基本生产单元,安排管理人员从事生产管理。本次调查的江苏垦区的新洋农场和弶港农场全部实施企业化经营,新曹农场从职工家庭承包经营逐步向企业化经营过渡,已经实现全场约一半耕地面积的企业化经营。新洋农场实施企业化种植之后,约6万亩土地由255人完成,其中包括农业中心7人、农水中心及其下设农机总站35人、工业贸易部及其下设仓库中心24人、人力资源部与办公室4人、财务部15人、公司领导3人。公司下设5个生产区,每个生产区4个区级管理人员,5个生产区各划分26个生产大队,每个生产大队2~6个生产管理人员。生产大队为一线生产单元，负责田间生产管理活动，按照每500亩1名管理人员的标准设置管理岗位。除田间水利管理等极少部分工作，公司从耕到收实现全程机械化，包括田间施肥、治虫。企业化经营意味着土地经营控制权全部在公司，一线职工和管理人员与公司恢复雇佣关系。

除上面几种主要经营方式，不少农场还主要针对"四荒地"、边角零星土地、水面等，按照市场公开价格实行租赁经营方式。在场内职工优先租赁的前提下，不少场外人员和社会资本通过这种方式获得农场的土地经营权。在这类经营方式下，农场按照合同收取土地租金之后，将土地经营权让渡给经营主体，使经营主体获得完全自主经营权，经营方式、作物选择、产品处理都不受农场控制。市场租赁经营方式与农村"四荒地"承包方式相似。这种经营方式经营面积较小，在农场不占主导地位，且不是农场未来经营发展方向，故不是本文分析的重点。

经营体制改革前，国有农场与农村采用相似的统一经营方式，可理解为土地经营控制权和剩余索取权都被农场组织掌握，农场职工按照等级工资制获得固定报酬。国有农场仿照农村所进行的经营体制改革，可视作对控制权与索取权分配的制度化调整。当前多种经营方式并存表明，农场改革不是在极端的个体化家庭经济与高度统一集中经营的两个极端之间做非此即彼的选择。现实中的不同农业经营方式构成一个渐变序列，组织化程度由低（Ⅰ）到高（Ⅴ）排序。不同经营方式的组织化程度取决于其内部合约关系和控制权配置，见表5。

表5　农场主要经营方式和经营控制权分配

	职工家庭经营	合作经营	模拟股份制	联产计酬	企业化经营
组织化程度	I	II	III	IV	V
农场与职工合约关系	农场统筹下的承包经营	农场统筹、职工合作经营	职工参股、享有部分剩余索取权	雇佣关系	雇佣关系
经营控制权配置	农场与职工双层控制	合作组织控制	农场控股控制	农场控制	公司控制

四、不同经营方式比较

在以上五种经营方式中，只有职工家庭承包经营方式不存在劳动监督问题。现实中，很多农场在职工家庭承包经营方式的基础上自发向组织化经营方式转变，说明新的经营方式更高效。

（一）农业机械化提高劳动均质程度

农业机械化可提高劳动均质程度，并降低劳动监督成本。江苏垦区大力发展企业化经营，与农业机械化率大幅提高有关。从组织形式上看，企业化经营方式与80年代体制改革之前的农场统一经营方式相似，经营控制权和剩余索取权都由组织主体控制。但是后者却显示较高的经营效率。新洋农场实施模拟股份化经营时，小麦平均亩产850斤，水稻平均亩产1100斤，农场经营利润为每亩900元（未剔除土地租金）。实施企业化经营之后，小麦亩产提高到900斤，水稻亩产提高到1320斤，另外通过进一步精细化管理降低生产成本，全年平均利润提高到每亩1500元（未剔除土地租金）。弶港农场的经营效率提高幅度更大：实施企业化经营之前，小麦亩产850斤，水稻亩产约1000斤，农场经营利润为每亩950元（未剔除土地租金）；实施企业化经营之后，小麦亩产提高到950斤，水稻亩产提高到1330斤，全年平均利润提高到每亩1550元（未剔除土地租金）。相对于模拟股份制，企业化经营的组织化程度更高，经营效率也更高。

当预期收益超过预期成本时，制度创新就有可能发生。近年来，江苏垦区从职工家庭承包经营走向模拟股份化经营，并继续自发向企业化经营演化，原因是组织化经营提高了效率。企业化经营与传统农场（或者农村集体组织）统一经营方式相比，实现了机械对人力的替代。以新洋农场为例，目前水稻和小麦的全程机械化率都超过90%。在全部直接生产成本中，小麦生产的人工成本为每亩20元，水稻生产的人工成本为每亩50～60元。农业劳动力价格大幅提高是推动农业生产机械化的动力。以插秧为例，人工插秧成本超过每亩200元，采用机插秧可以降低到每亩100元以下。

机械化为农业生产带来两方面后果。一是使用劳动力的数量大幅度减少，如弶港农场农业公司经营4万亩的粮食作物种植，只需要72人从事田间生产管理工作。减少雇工，可降低劳动监督成本。二是劳动的均质化程度提高。包括耕地、施肥、喷药、收割、运输等在内的机械化作业活动主要通过社会化服务完成，农业公司的田间管理人员主要负责对服务过程和质量进行监督，标准化的机械作业使得劳动监督变得简单。相比传统的肩挑人扛，拖拉机手利用拖拉机运输粮食的工作效率更容易度量。当劳动投入可衡量时，就可以实施劳动与工资报酬挂钩的制度，实现对劳动者的激励，提高经营效率。

（二）职工参股提高劳动积极性

与分散化的职工家庭承包经营方式相比，模拟股份制也是一种有效率的组织化经营方式。江苏垦区2009—2010年的农业生产调查统计显示，模拟股份制的平均单产高出职工家庭经营50～100斤，直接生产成本比职工家庭经营亩均节约50～100元。[1]部分农场测算发现，相对于家庭分散经营，模拟股份化经营通过改进作业流程和实施"统防统治"，可减少化肥、农药约四分之一的使用量，降低直接生产成本。[2]农场通过控股实现经营权控制，将职工家庭分散经营变成组织化经营方式，发挥规模化经营优势。在经营权控制上，模拟股份制与企业化经营相似，差别在于，模拟股份制下的职工与管理人员还通过参股获得部分剩余索取权。

模拟股份化经营取得成功的关键在于采用职工劳动投入与年终收入挂钩的分配机制。以淮海农场为例，农场确定参股职

---

[1] 江苏农垦集团有限公司：《江苏农垦推进农业经营体制改革发展公司化经营的探索与实践》（内部资料），2016。
[2] 江苏农垦集团有限公司：《关于完善农业生产经营管理制度的关键问题解答》（内部资料），2016。

工和管理人员的收入分配由岗位和劳务工资、分红收益、超产奖励三部分构成。每位入股职工承担100亩左右的田间生产管理任务，主要是管理田间水利和监督农业社会化服务的作业质量，其中岗位和劳务工资共计每亩8元，另外这100亩的全年亩效益构成职工按股分红基数，超过农场核定产量可以按比例获得超产奖励。

普通职工的全年收入＝每亩8元（岗位与劳务工资）×100亩（管理面积）＋亩均效益×35亩＋超产奖励

职工是否能够获得亩效益和超产奖励由其承担的100亩管理效果确定，或者说，其承担的100亩管理面积中有35亩为职工自己的股份。每个一线工人享有其负责管理面积35%的剩余索取权。由于与自己的年终分红挂钩，职工有动力对其承担的100亩管理面积尽职尽责。模拟股份制下的剩余索取权分享提高了职工在田间管理中的劳动投入激励，解决了劳动监督难题。

（三）生产合作下的低组织成本

生产标准化程度越低，合作成本也就越高。调查中发现，黑龙江垦区中最常见的合作经营是建立职工家庭之间的生产合作。基于丰富的土地资源，黑龙江垦区的职工家庭经营规模面积较大，以庆丰农场为例，全场共计1577个进行水田经营的职工家庭农场，其中91.8%的家庭农场的经营面积在100~400亩。[1]

---

[1] 孙新华等：《黑龙江国有农场调查报告》（内部资料），2016年。

在生产经营上，职工主要依赖"自家劳动＋自有机械"的方式完成，较少雇工，除收割之外较少采用社会化服务，以达到经营收入最大化的目的。农业生产具有季节性，完全依靠"自家劳动＋自有机械"有时很难满足农忙时的需求，也会造成机械浪费。为了弥补家庭经营方式的不足，职工自发走上合作经营的道路。合作经营通过实现劳动力充分使用和促进农业机械相互配套而提高了经营效率。

这种生产合作经营的主体一般由数个职工家庭农场组成，本质是不同家庭之间的劳动力和机械互换搭配。常见的合作方式是，拥有大中型拖拉机的职工A负责完成全部面积的耕田任务，拥有插秧机的职工B负责全部机插作业，拥有肥料喷洒机的职工C负责全部撒肥作业。通过这种合作，每家每户不必全部配齐机械，提高机械使用率。这种生产合作不但规模小，而且作业任务明晰，还可以计算每种机械化作业任务的市场价值，合作成本很低。此外职工之间相互熟悉，很多属于亲戚朋友关系，熟人关系进一步降低监督成本。参与合作的职工之间打乱地块，实施统一生产经营，最后按照面积比例分配产品。每个参与合作的职工积极投入劳动，会提高全部经营面积的效益并最终被每个人享有，这相当于职工之间按照比例共享剩余索取权。上述分配方式具有激励效应。总体上看，这种家庭经营基础上的生产合作属于组织成本较低的简单组织。

(四)联产计酬解决直接监督难题[1]

作物类型是影响农业经营方式的重要因素。到目前为止,橡胶种植生产还属于劳动密集型经营活动,包括对橡胶树的施肥、施药管理以及采割,都依靠人力完成。橡胶园一般为山地,更增加对人力的依赖。广东垦区的很多橡胶农场目前还保持比较传统的生产方式,橡工通常凌晨一点钟上山,天未亮开始采割,早上七八点钟在山上吃过早饭之后,开始从每个树上收集胶水,下午三点钟以后下山返回。[2]橡胶日常管理和采割等工作都可以由单人操作完成,一般一个胶工负责几十亩的上千棵树,分散作业。橡胶的生产特点致使劳动监督十分困难。生产队长或其他管理人员基本不可能对上万亩橡胶园中分散作业的工人进行监督。在这种情况下如果对职工采取直接劳动管理,必然是效率低下。

20世纪80年代之后,广东垦区一些农场采取职工承包经营办法,职工向农场缴纳承包押金和承包费,获得一定面积橡胶园的经营权,农场按照市场价收购干胶,承包者自主经营、自负盈亏。在这种方式下,职工通过承包获得经营控制权和剩余索取权,却要承担橡胶价格波动带来的巨大市场风险。由于橡胶价格波动很大,致使很多农户"破产",这种经营方式无法维持。随后农场又采取了作物转让的办法,将橡胶树所有权

---

[1] 本部分对橡胶种植方式和橡胶农场经营方式的描述,来自课题组成员夏柱智和刘升的调查。参见夏柱智、刘升《广东农垦农业经营方式调查报告》(内部资料),2016年。
[2] 夏柱智、刘升:《广东农垦农业经营方式调查报告》(内部资料),2016年。

一次性作价转让给职工或农场干部，受让人完全自主经营，农场获得转让收益，并脱离经营功能。橡胶被国家定位为战略物资，广东垦区承担橡胶供给任务，每年需要保持一定生产量。转让经营方式所带来的问题是，受让人在橡胶价格低的年份减少或者停止生产，造成垦区承担的生产任务无法完成。另外，新种植的橡胶树前期一般需要8年以上的投入才具备生产能力，受让人缺乏长期投资能力，不利于橡胶园发展更新。通过承包，职工获得橡胶园经营权；通过转让，职工获得橡胶树所有权。两种方式都属于家庭经营。家庭经营方式不适用于具有战略性、价格波动大，且需要长期投资的橡胶作物。

在承包和转让这两种家庭分散经营方式都失败之后，橡胶农场又重新回归农场统一经营方式，并采用联产计酬方式解决劳动监督难题。在联产计酬方式下，职工完成的作业任务包括橡胶采割和橡胶树维护管理两项。对于第一项工作，农场通过职工最终上交的胶水量，来衡量职工劳动投入，并给予报酬。第二项工作主要包括冬闲施肥管理，以及割胶过程中职工按照技术标准操作情况，避免不规范割胶损害橡胶树。对于第二项工作，由生产队长进行定期抽查，并实施奖惩措施。团结农场的管理办法是，每月检查一次，从职工负责的橡胶树中随机抽取25棵树，按照农场制定的技术标准进行评级，决定管理工资的基数。联产计酬方式避免了直接监督，简化了监督方式，降低了监督成本。橡胶产量和橡胶树维护质量决定职工的收入，激励职工在没有管理人员直接监督的情况下积极采割和进行有效管理。

五、统筹经营

（一）土地制度基础

与农村相似，国有农场的经营方式也建立在特定的土地制度基础上。农场土地属于国家所有，农场享有土地使用权，这与农村集体土地制度存在一定差异。受公有制限制，土地所有权不能交易，当前唯一存在的所有权变动情况发生在土地征收过程中，即集体土地按照一定程序变为国家所有。农场与农村土地尽管存在所有权差异，但是在不进行土地征收的情况下，这种所有权差异更多是名义上的差别。国家将土地无偿划拨给农场，在坚持土地用途不变的情况下，农场实际具有土地占有、土地使用、土地收益和土地处分的权利。农场进行土地资源配置，是将利用土地从事农业生产经营的权利向经营主体转移，与农村"两权分离"或者"三权分置"下的土地（承包）经营权配置相似。当农场选择不同经营方式，会形成农场与经营主体之间的特定地权合约关系。

首先是联产计酬和模拟股份制。前文的分析表明，联产计酬是通过作业任务分配与劳动报酬挂钩来实现劳动监督优化的一种手段。联产计酬不改变农场的统一经营方式，职工与农场之间维持雇佣关系，土地使用权由农场控制，不发生地权变动和相应的合约关系。与联产计酬方式类似，在模拟股份制下，农场直接以土地入股，通过控股控制整个农业生产经营活动，并在分配中获得全部地租收益。职工投入股金参与分红，享有部分剩余索取权。模拟股份制建立了职工与农场按股获益的利益分享机制，职工不享有土地权利，因此也不签订地权合约。

其次是企业化经营。按照垦区集团化改革的思路，江苏垦区成立专门从事农业生产经营的农业发展有限公司，推动垦区粮食生产加工销售的集团化运营。各个农场成立农业分公司从事粮食种植。农业公司作为独立企业法人向农场承包租赁获得土地使用权并用于生产经营活动。通过地权合约，国有农场将经营土地的权利让渡给农业公司，农业公司统一控制土地资源，进行企业化种植。

再者是职工家庭承包经营与合作经营。职工与农场签订承包租赁合同来获得土地经营使用权利，作为对价，农场收取一定土地费用。通过地权合约，职工获得一定的自主经营权。在承包租赁合同中，农场通常对职工的经营权利做出一定限制，包括品种选择需要服从农场统一布局，农业生产技术需要接受农场指导，禁止土地抛荒等。职工承包户的经营权利不是绝对的，农场也通过合同约定对土地经营享有一定干预权利。合作经营是从职工家庭承包经营方式上发展出来的，职工与农场之间的地权合约是合作经营的基础，通过合作，将职工对土地控制权集中起来，解决生产方面的一些难题。合作经营是在不改变职工与农场地权合约的基础上，在私人之间增加一层合约。

（二）农场的统筹经营

农业生产过程包含私人生产环节和与公共生产环节。所谓私人环节是指单个经营主体可以完成的生产活动，如耕田。在私人环节中，农户的投资和收益被内部化，家庭分散经营在此环节中具有效率。公共环节是指投资和收益不能被单个经营主体内部化的环节，如水利灌溉、公共基础设施建设等，外部性造成家庭分散经营在公共生产环节上缺乏效率。我国人地资源关系紧张，大部分地区在20世纪八九十年代的土地承包中采用平均原则，造成土地细碎"插花"和经营规模小的特点，加剧家庭经营在农业生产公共环节上的劣势。

国有农场的统筹经营功能普遍有效，形成了"大农场统筹小农场"的双层经营体系，具体是指，国有农场将土地承包租赁给职工实行家庭经营之后，家庭小农场在私人生产环节具有自主性，大农场承担具有外部性的公共生产环节的作业任务。

农垦和农村经营效率的差异，与双层经营体制在农场和农村的不同实践状态有关。相对于农村原子化的家庭分散经营状态，农场的统筹功能具有以下三个方面优势。一是公共品供给能力高。本次调查的18个国有农场全部保持统一灌溉和排涝体制，提高了农业抗风险能力。二是农场设置专门的技术服务部门，进行品种试种推广和病虫害防治措施安排，提高了农业生产技术水平。农村基层政府下设的农业服务部门，属于事业编制，他们的收益与农业生产状况没有直接关系，面对千家万户的农民分散经营主体，这些技术服务很难落到实处。调查中发现，各个垦区普遍存在周边农民向农场学习如何种田的现象。新型优良品种、先进农业机械和农业生产技术，通常首先在国有农场出现并成熟应用，再向周边农村传播。这显示出了农场统筹经营的优势。三是农场将分散职工家庭组织起来，在生产资料购置、社会化服务对接和产品销售方面形成组织化优势，降低交易成本，提高谈判能力。农村则普遍存在小农户与大市场的对接难题。

六、政策启示

农垦在全国农业中所占的比例尽管不大，却是有助于理解我国农业经营的重要经验。农场的实践对于认识农村政策具有参照价值。与农村相比，农场具有更高的经营效率，这源于后者的组织化优势。农业生产过程中包含着公共环节的特性，纯粹一家一户的分散经营方式存在不足，而农场的统筹经营恰好弥补了这一点，显示双层经营体制的优越性。另一方面，农场较为灵活的土地制度安排为追求新型经营方式提供了条件。

基于农场的实践经验，我们可以得出以下四方面的政策启示。

一是从效率角度看，存在多种经营方式可供选择。在第二、三产业发达、农村劳动力大量外出的情况下，可在家庭经营之外，尝试合作经营、股份化经营等组织化经营方式。基于社会效应方面的考虑，在第二、三产业不发达、农业劳动力相对过剩的中西部地区，需坚持家庭经营的主导地位，土地资源要优先向从事农业的农民配置，避免工商经营主体下乡大规模地流转土地。

二是站在农业双层经营的角度看，对农民土地承包经营权的保护存在一定限度。农场的统筹经营功能建立在特定的地权合约的基础上，在积极保护职工自主经营权的前提下，为农场参与生产经营过程留出权利空间。面对当前农村一家一户分散经营所遇到的公共品供给困境，下一步农业经营体系创新可从提高农村集体经济组织在公共生产环节中的统筹功能的角度着力。

三是农村土地制度改革要坚持集体所有制的底线原则。实施农村土地承包经营的初衷是，将土地资源配置给农民，以提高土地利用效率。受农场的土地制度启发，下一步推进农村土地制度改革的关键是尊重集体所有权，恢复集体经济组织在地权合约中的主体地位，坚持经营者占有地权的制度原则，将承包户的权利虚化为收益权（通过集体分配土地承包费的方式实现），将土地资源向实际经营者配置，实现"地尽其利"的土地制度目标。

四是在土地资源配置过程中，发挥集体经济组织的优势。当前农村土地制度改革的核心目标是，推动地权从分散细碎走向相对集中的格局，以适应新型经营方式的发展要求。与劳动力和资本等其他生产要素不同，土地具有位置固定的特点，且在供给上缺乏弹性，这就造成土地资源配置的特殊性。国有农场发挥土地公有的优势，可以实现土地资源高效配置。

2017年7月

农村宅基地退出问题

近年来,一直有一种声音,要求国家放开农村宅基地买卖限制。支撑这种主张的理由是,农村宅基地具有巨大的财产价值,有人参照前几年城镇建设用地出让价格,推算得出包括宅基地在内的农村建设用地蕴含上百万亿的财富。因此,只要解除制度限制,允许自由买卖宅基地,就可以将巨量的"沉睡资本"唤醒,农民通过出售宅基地可以获得进城的"第一桶金",打破"抱着金饭碗讨饭"的局面。

国务院办公厅印发了《推动1亿非户籍人口在城市落户方案》(简称《方案》),其中专门规定了与户籍制度改革相配套的农村土地制度改革内容。《方案》提出,"建立进城落户农民'三权'维护和自愿有偿退出机制"。结合《方案》,国土资源部等五部委联合发布了《关于建立城镇建设用地增加规模同吸纳农业转移人口落户数量挂钩机制的实施意见》(简称《实施意见》)。《实施意见》规定,现阶段不得将退出宅基地使用权作为农民进城落户的强制条件,农民退出宅基地需坚持自愿原则。关于进城落户农民退出宅基地最关键的一点是,宅基地退出或者转让只能在集体经济组织内部完成。这与宅基地自由买卖的主张,相距甚远。

基于制度设置，符合条件的农民都可以从集体获得宅基地分配，农村宅基地具有福利性质，宅基地管理需要保障每个家庭"户有所居"的基本权利。按照《中华人民共和国土地管理法》等的规定，每户农民只能占用一处宅基地，且要符合面积标准。严格而言，作为福利对象的宅基地不能成为自由买卖的私有财产。现实中，出现农民出售或者出租房屋的情况，会连带地发生宅基地使用权利转移。《中华人民共和国土地管理法》规定："农村村民出卖、出租住房后，再申请宅基地的，不予批准。"

国家反复强调农村土地制度改革要坚持底线。当前国家在农村宅基地制度方面的改革是基于土地资源利用和整个社会稳定的两个目标权衡做出的。

一方面，国家要实现农民进城落户目标，这一目标必然导致城镇建设用地增加，因此就要想办法让农民在进城时同步退出宅基地，以实现"保耕地红线"等方面的目标。另一方面，之前一些地方政府利用土地"增减挂钩"政策，借着城镇化和城乡统筹等名义赶农民上楼，从中警示着农村土地制度改革可能存在的风险。在短时期内，实现以亿为计量单位的人口城镇化，必然存在诸多不可预知因素，一旦不慎会造成巨大的社会问题。因此，中央政府在推动土地制度改革时以"稳"字当头。这表现在农村宅基地方面就是，一方面希望通过宅基地有偿退出机制，来减少进城落户农民继续占用农村土地资源的情况；另一方面，守住"坚持土地公有制性质不变"底线，限制宅基地转让和退出的范围。

一些人主张的农民"卖地进城",并不可靠。首先,按照城镇建设用地出让价格估算农村宅基地价值的做法十分荒唐。城镇建设用地平均价格高,是土地供给有限造成的,上亿亩的农村宅基地如何可能被城镇市场消化?

其次,不是所有宅基地都蕴含财富,只有在城郊地区的农村宅基地才值钱。比如深圳城郊村、城中村的农民在宅基地上私建高层楼房,用于出租或者等着政府征地拆迁,获得大量财富。然而这样的村庄占到全国农村不到5%,城郊村、城中村的农民占全国不到5%,他们早已经脱农致富并城市化了。允许农村宅基地自由交易,不过是继续增加这5%农民的财富而已。

再者,这些城中村、城郊村的农民既没有动力也无必要通过出售宅基地进城。反而是远离城市的一般农村的农民或许有动力出售宅基地来凑钱到城市付首付。但是远离城市的宅基地,农民自己都不愿继续住在那里,怎么有可能卖出高价钱?假若放开宅基地交易限制,比较可能出现的情况是,为继续投资存在很大风险的房地产的那些城市中产阶层和过剩资本提供去处。在这方面,政策制定者还是十分谨慎的。

一句话,就算是放开制度限制,大部分农村宅基地也不可能为农民提供进城成本。既然如此,在制定与新型城镇化相关的政策时,就还是要在农村土地制度方面保持稳妥为宜。鼓励农民"卖地进城"的主张没有被政府采纳,是有理由的。

2020年6月

重建村社组织

一

广东省清远市被选为第二批农村综合改革试验区。清远市的改革试验做法包括"资金整合"、"土地整合"与"自治下沉"。如何提高涉农资金投放效率是个大问题。清远市开展"资金整合",在县市将各类非普惠性涉农资金进行整合,按照区域乡村发展规划,向基层投放。清远市不仅整合中央和省市的涉农资金,而且还鼓励农民自己整合补贴,包括生态公益林补助和耕地地力补贴。农民将这些直补到卡的普惠性资金拿出来,整合到集体经济组织,开展村庄公共建设活动。在项目资金的引导下,当地村民自发开展"美丽乡村"建设,"资金整合"取得了较好的效果。

清远市通过"资金整合",将一些非普惠资金变成奖补资金,要求村庄垫资建设,通过验收之后,提供政府项目资金补助。过去,一些涉农项目资金由政府部门直接投入,政府干,农民观望,后者不但不参与,甚至还可能成为"钉子户"。清远市的"资金整合"不仅改变了资金投入的无序状态,关键还激活了村庄内生治理能力。

清远市的"资金整合"取得效果，与当地社会条件有关。当地宗族文化传统深厚，自然村为单姓，农民之间的认同感和村庄观念强大，农民认为村庄建设是自己的事情。清远市以自然村为单元展开"美丽乡村"建设，国家投入一部分资金，很容易激发村庄内部活力。清远市一些村庄建设的做法是，村民退出宅基地，推倒旧房屋，然后统一规划，统一建设，统一分配。受宗族文化传统影响，当地农民认为土地是祖先留下的，是大家的，因此愿意退出宅基地，然后再统一建设。宗族传统使得当地农民的集体行动能力很强，这是清远市"资金整合"取得成效的关键。

清远市改变资金投入方式，解决项目资金下乡"最后一公里"问题，具有普遍意义。另一方面，清远市的"资金整合"和"美丽乡村"建设也受惠于当地的特殊条件。在其他地区推广"资金整合"，还需要在做法上有所创新。

二

当前，全国大部分地区都不具有清远农村这样的集体行动能力。一方面是由于很多地区不具有清远农村那样的宗族文化传统；另一方面，农村正在经历着人口流动、农民分化与村庄衰败。我们在河南省信阳市郝堂村调研时发现，一些农民进城买房之后，逐渐断绝与村庄的人情往来，不再参与村庄里的红白事。人情是熟人社会最重要的关系纽带，退出人情，意味着退出与村庄的社会性关联。

当前的农村已经发生了巨大变化。传统的村庄是一个集价值、生产与社会关系于一体的社会单元，村庄内部具有一定的集体行动能力和公共品供给秩序。随着农民外出务工，农业生产活动体逐渐解体，越来越多的农民退出农业生产，村庄不再是一个公共生产单元。随着农民的城镇化程度加深，一些人在异地定居生活，逐渐切断与村庄社会的联系，脱离村庄社会关系。未来随着"80后""90后"一批具备较少农业生产经验和农村生活经验的年轻人成长为社会中坚，村庄将进一步瓦解并发生彻底变化。

村庄变化的同时带来了治理方面的问题。改革开放以来，城乡人口加快流动造成村庄社会单元趋于解体，农民走向分化。与此同时，农民拥有的权利却越来越固化，"农民"作为一种权利，其身份性色彩越来越强。当前农村推行土地承包经营权确权、宅基地确权、集体产权制度改革与"股权量化"等，"确实权、颁铁证"后，农民的权利不再受进城影响。法律保护强化了"农民"的身份性色彩，分化的农民继续拥有村庄中的权利。

空心化的村庄和拥有坚固权利的分化农民会给乡村治理带来极大挑战。农民与村庄的权利性关系主要体现在土地、房屋方面。土地属于不动产，俗话说，"千年田地八百主，田是主人人是客"，人能流动，土地不能动，人随地走。确权之后，农民离开村庄，但权利保留在村庄里，地随人走。

很多地区自实施"大包干"以来，土地就没有调整过。在生产力水平较低和人口流动少的时期，土地细碎"插花"形态对农村公共品供给的影响较小。如今农业生产力水平大幅度提升，农民高度分化，人地关系调整，土地从生产资料变成财产。也就是说，越来越多的"离农离村"农民，将土地和房屋当作权利放在那里，而不是切实利用土地从事农业生产活动。这些不从事农业生产活动和不在村庄居住的农民，既不关心农业基础设施改善，又不关心村庄环境治理，无助于农村公共秩序的维护。

农村自发的公共治理活动，依赖基于共同利益的集体行动。农民高度分化后，共同利益不复存在，集体行动能力受到影响，村庄内生秩序供给能力弱化。不仅如此，国家投入资金进行农村公共基础设施建设，也会受到农民利益分化的影响。土地整治、道路建设、村庄环境整治等农村基层设施建设，都必须面对分化的农民，因此尤其要解决权利分散问题。土地被确权到千家万户，有些农民关心农村公共事务，有些不关心；有些在村庄公共治理中受益多，有些受益少。如何解决利益分歧，是治理乡村的关键。

清远地区为山区地形，土地极其细碎，一户耕地面积不足10亩，分散为几十块。借助土地确权政策，当地推动土地整合，农民将土地拿出来重新分配，一些村庄按照当下人口划分土地，尽量实现地块集中。在村庄建设过程中，农民退出宅基地，集中统一建房，解决了利益分散问题。清远地区"资金整合"取得成效，是以"土地整合"作为基础条件，而"土地整合"本质上是利益整合，只有破解了农民分化与利益分化的矛盾，村庄公共治理才得以可能。

清远地区成功避开了村庄开发、人口流动和农民分化带来的治理难题，这得益于当地的宗族文化传统。站在全国来看，清远属于特例。全国大部分村庄的集体行动能力不足，农民与村庄的纽带脆弱，照此形势发展，乡村治理会越来越难。

三

当前的乡村治理困境源于两个方面，其一是乡村社会逐渐解体，其二是确权政策加剧了乡村内部的利益分歧。乡村社会"去熟人化"的趋势不会变，村庄不可能回到过去的生产、社会与价值统一的共同体形态。因此，改善乡村治理必须从政策层面入手，重建村社治理单元。

经过"确实权、颁铁证"工作之后，农民在村庄拥有财产性权利，且不受他们是否从事农业生产、是否在村和是否参与村庄治理等影响。虽然国家在政策上强调"不得以退出土地承包经营权、宅基地使用权、集体收益分配权作为农民进城落户的条件"，但从村庄治理角度看，这些进城农民在农村保留财产性权利又确实损害了基层治理。不能强制让进城农民放弃土地权利，同时，又要消除这种财产性权利关系对基层治理的负面影响，对此需要结合我国城镇化模式与土地政策来讨论。

城镇化不会一蹴而就，因此，既要赋予农民进城的权利，又要给农民提供返乡退路。一方面，保留农民在农村的权利具有合理性；另一方面，需要在政策上解决农民分化与其权利固化的矛盾。国有农场的做法可供借鉴。

国有农场的土地承包租赁政策紧紧抓住土地的生产资料性质，即职工获得土地的前提是从事农业生产活动，禁止土地转包。职工退出农业生产经营活动时，需要将土地退还给农场，由国有农场向其他职工或是社会主体发包租赁。一些职工进城务工，便暂时放弃土地权利，不过未来返回农场从事农业生产活动时，仍有机会重新承包土地。还有一些职工在城市定居，彻底脱离农业生产活动，则彻底放弃土地权利。国有农场的土地权利配置按照"生产"展开，而当前农村的土地权利配置保护的是"占有"权利。国有农场依托统筹经营能力，建立灵活的土地资源配置制度，既实现了土地与生产者的有效结合，促进农业适度规模经营和农业经营体系创新，又解决了土地权利固化所造成的治理矛盾。

借鉴国有农场的做法，重建村社治理单元，关键是要重建农民与土地的关系，强化集体所有权。在具体操作上，可按照"谁使用谁占有"的方式有偿承包土地，暂时退出农业生产活动的农民，可获得集体补偿。长期退出农业生产活动、脱离村庄并实现进城落户的农民，可自愿选择退出农村土地权利，同步获得市民权利。

以土地权利为抓手重建村社单元，在操作上，需重视以下几个方面。

一是强化集体土地所有权。农村土地属于集体所有，经过这些年的政策调整，集体土地所有权越来越弱，甚至变成名义上的。分化的农民控制着土地权利，集体经济组织沦为空壳，村民自治运转乏力，权利固化分散，村庄公共治理难以推进。

强化集体土地所有权是改善基层治理的关键。

二是重建村庄内部治理联结机制。传统的村庄共同体是由"生与斯、死于斯"的熟人社会关系联结而成，并形成熟人社会的内部秩序。当前的村庄公共治理需要围绕共同生产生活展开，土地是联结千家万户的纽带，通过调整土地利益，可动员广大农民。

三是操作方法可多样化。随着城镇化继续推进，农民分化程度继续加深，农村人地关系进一步调整，基层治理形势也会进一步变化。在强化集体所有权的总体思路下，可采用多样化的政策手段来建设村社单元。比如部分东部沿海发达地区，通过"宅基地换房、土地换社保"的方式，实现村庄整体化改造，而广大中西部地区可采用土地"虚拟确权"（确权确股不确地）解决人地分离矛盾。各地情况不同，不能"一刀切"。

四

重建村社单元，实质是要重建基层治理的"小公"组织。农民分化造成村庄集体行动能力不足，国家单方面建设乡村的效率很低。国家不可能直接治理每家每户农民，良好的基层治理需要村庄具备内部治理能力，很多国家不好管或管不到的事情，应当由农民组织起来完成。在农民分化和流动的背景下，要扭转政策方向，为乡村治理提供新的可能性。

经过两轮土地承包、农村税费改革、农村"四荒地"处理等政策实践，目前全国绝大部分村庄的集体经济基础很弱，再加上农民分化与土地权利固化，村庄公共治理陷入困境。在此背景下，中央提出要发展壮大集体经济。一些地区在实践中，将发展壮大集体经济理解为集体经济收入在数量的增加，因此积极鼓励基层发展产业。这种思路有偏差。站在基层治理的角度看，发展壮大集体经济的关键是让基层组织掌握一定量的"活钱"和资源，利用这些资源开展村庄公共治理活动，动员群众参与，形成基层治理能力。

对于占全国农村绝大多数的中西部一般农业型地区来说，发展壮大集体经济不是要发展产业和兴办企业，而是要做好集体资源管理。我们到河南省漯河市调查时发现，当地推进集体产权制度改革，并借机进行村庄清产核资，清理集体林木、土地、水面等，认定农民院墙宅基地之外的公共土地为集体所有，认定村庄周边的荒地为集体所有，与农户重新签订集体资源承包合同。通过清产核资，一些村庄集体确认百余亩荒地、荒坑，再通过将这些土地发包获得一定的集体收入。过去这些土地和资源在名义上属于集体所有，但是实际权利掌握在农户手中，没有实现集体所有权。当地通过清产核资不仅实现了集体所有权，还增强了村庄治理能力。

没有集体资源和集体利益的村庄，村民个个都不关心村庄发展，村民自治活动无法激活。如果集体控制了一定资源，由于人人有份，村民就有可能被动员参与到村庄治理活动中。基层治理能力是在不断开展的村庄治理活动中积累形成的。

当前，农村依然具有一定的公共生产和共同生活需求，如农田水利合作、村庄环境治理。这些细小琐碎的末端治理事务需要农民参与完成。通过土地政策调整、集体经济建设来重塑村社共同体单元，是有效解决村庄"小事"的必要途径。

五

城镇化推动村庄变化、乡村治理转型以及人口流动，并改变农民就业、生产、生活观念、居住空间、社会关系等。城乡关系变化、国家与农民关系变化、农民与乡村关系变化等因素交织，共同形塑当前农村治理的复杂形态。

在数量庞大的农村人口进入城市的背景下，乡村治理现代化需重点处理农民与乡村关系问题。现代化力量逐渐切断农民与乡村的社会性联系，剩下利益联系，尤其是土地上的利益联系。与其他东亚国家和地区一样，中国农民对土地有着深厚的感情，离开乡村的农民很少会自动退出土地权利，这将不利于农业生产和基层治理。一些先发现代化国家或地区已经受到了小农土地占有的负面影响，我们的乡村也正在经历这些矛盾。

好在我们实施土地集体制度，这为农村人地关系重建和政策调整提供了可能性。立足城镇化大趋势，借助国家资源输入，调整土地政策，实现集体所有权，重建村社治理单元，是促进基层治理现代化的有效途径。

2019年6月

第四部分 农业的前景

谁在种地

一、什么样的土地会被抛荒

农业工作重点是构建新型农业经营体系。在落实政策的过程中，不少地方政府将新型农业经营体系片面理解为扩大农业经营规模，一度出现地方政府帮助工商资本下乡从农民手中流转土地的情况。

土地流转在各个地区情况不同。存在一个明显的悖论是，一些生产条件好，如地形平坦、地块集中、水利条件较好的地区，土地流转比例高，而在一些山区丘陵地区，不仅抛荒比例高，土地流转比例也低。土地抛荒最直接的原因是土地细碎、水利条件差、无法机械化作业，肩挑人扛的耕作条件让很多人不愿意种地。

平原地区，比如华北平原、东北地区、江汉平原等则很少出现土地抛荒现象。这些地区耕作条件好，机械化程度高，种田不费力且有赚头，所以农民都愿意种。也只有在这些田地比较好种的地区，工商资本才愿意去种，并且正是在这些地区才可能出现政府与企业联合起来推动土地流转的情况。

以中部某市为例，该市共有耕地约300万亩，目前已经流转一半，其中工商企业流转占相当比例。在该市调研发现，当前土地流转有两个显著特点：一是政府政策倾向与资金扶持是推动土地快速流转的主要动因；二是土地流入方以工商资本为主，但其农业经营能力不足。

该市前几年出台了一系列引导土地流转的优惠政策，并投入了大量财政资金。据农业部门工作人员反映，该市某区农业财政资金投入的受惠主体中，工商资本、家庭农场与传统小农户的比例为7∶2∶1，即大规模流转土地的工商企业是财政资金的主要受惠者。为了引导土地流转，当地政府在制定政策和投入资金时对经营规模做出明确限定，比如至少建设规模100亩的主体才能够获得"家庭农场"专项补贴。早在2013年，该市围绕"菜篮子"工程建设，投资了上亿元财政资金用于扶持打造标准化生产的蔬菜基地，主要是补贴钢架大棚与基础设施配套，并规定每亩大棚补贴1.5万元以上，再加上土地平整补贴，基本可以抵掉建设大棚的成本。但在项目审批时，要求建设规模1000亩以上的主体才能获得项目资金，这将传统蔬菜种植户排斥在外。几乎所有工商企业向政府申请资金建设大棚后，都会再将大棚发包给农民经营，自身基本不直接从事生产活动。除了这类直接补贴，像高标准农田整治项目资金、小农水项目资金、农业综合开发项目资金等中央与省市的涉农项目，一般都优先覆盖这些流转土地的地区。

二、大农场不赚钱

地方政府积极推动土地流转并在政策上支持工商企业流转土地，部分地区甚至以土地流转规模、流转比例为考核指标、政绩工程，人为加快土地流转速度。地方政府推动土地流转的动力在于，随着乡村基层组织管理动员能力弱化，地方政府普遍出现与小农户打交道难、打交道成本高的问题。一个显著的变化是，过去中西部农村不仅乡镇一级设置有水利站、农机站、农技站等"七站八所"，村组两级在农业生产中也发挥统筹功能。取消农业税费以来，少数地区如湖北省改革撤销"七站八所"，多数地区的基层服务部门也出现科层化趋势，村组两级逐渐从农业生产环节中退出，农业生产彻底成为一家一户的事情。当前每年逐步增加的国家惠农资金，除了一部分通过直补卡打到农户账户上，还有很多被要求统筹使用。大量用来改善土地、水利、道路等农业基础设施的财政资金，在投入过程中牵扯到众多小农户的利益，十分麻烦。地方政府无法与众多农户打交道，就希望通过经营主体改造，将小农户的一亩三分地改造成几千亩的大农场。与投入给一亩三分地的小农户相比，政府为单个经营主体就达到千亩的农场改善水电沟渠路等基础设施，不仅打交道成本低，而且资金投入容易见效。

服务小农户不仅不容易见效，而且十分麻烦。实施家庭联产承包责任制以来，农地制度、税费体制、基层组织等都是朝着农业越来越分散的方向发展，今天小农户分散到几乎无法经营，并且政府为他们提供服务的交易成本也高昂到几乎不能承受的地步。面对此状况，地方政府在实践中自然而然地产生了扩大农业经营主体的动力。

问题是，工商资本流转土地并不能提高农业生产效率。不少工商企业流转土地是受政策驱动，也与早期不了解农业生产规律和定位不清晰有关。很多在外搞工程、开工厂、搞建筑的农民企业家在地方政府的鼓励下返回家乡包地，多数人在承包几年后血本无归，只有少数在地方政府的补贴下勉强维持。我们在调查中没有看到一家大规模承包农民土地从事粮食生产并成功维持下去的企业。

企业种地的单产比农民低，各项成本与农民相似，另外还要支付500元以上的租金，而农民种田只是"赚人工费""辛苦费"，那么除非工商资本流转的土地改变用途或者种植经济作物，否则很难盈利。如果政府不在政策上给予照顾，大部分工商企业在流转土地之后很快会因为无法盈利而退出。

三、"无人种田"是假问题

理论界与媒体界普遍担心"无人种地"。我国农村劳动力大约4亿人，除掉外出农民工，未来很长一段时期内我国农村劳动力还将维持在1亿人以上。1亿农村劳动力，20多亿亩耕地，怎么会没有人种地？与"无人种地"的担忧相关的，是一些地区出现土地抛荒的现象。问题是，哪个地区的土地在抛荒？实际上抛荒的主要是山区丘陵地带。这些地区的土地是当前农业生产基础设施被破坏，土地无法耕种造成的。也就是说，耕作条件不好导致了土地抛荒问题。解决问题的思路，不是引入工商资本流转土地，而是改善基础设施为农民种田提供便利条件。

"无人种地""土地抛荒"这些常识性误解广为流行，一定程度上误导了政策制定者。土地大规模流转有两个后果。一是土地流转挤压农民就业机会。在地方政府推动土地流转之前，村庄内部亲戚、邻居和朋友之间广泛存在自发土地流转现象。一些人认为，这样的土地流转不能带来财产性收入，于是要求正规的土地流转，签正式的合约，还推行各种产权交易所。正式的土地流转市场出现后，地租抬升，一亩500元甚至更高，过去那些人情关系行不通，流转土地必须支付地租。这就造成一批过去留在村庄中种地的人被排斥出农业生产领域。这批人，我们称之为"中坚农民"，是农村人财物流出之后的农村留守群体中的精英。他们依靠捡种别人的几十亩田而维持小康生活，也顺便担任村干部、小组长，承担照料乡村留守老人、儿童的责任，应付乡村治安，成为脆弱的农村基础秩序的维护主体。在工商企业进村之前，这种"中坚农民"在每个自然村都有，他们的存在非常重要。工商企业进村之后，这批农民也被赶进城市，农村只剩下老弱妇孺，基层秩序的维持出现大问题。

大农场土地产出率低，当工商企业成为经营主体之后，粮食安全反而得不到保证。由此产生的更加深远的影响是，当政策、制度、基层服务体系等都围绕这些流转土地的工商企业重新设置之后，支持传统小农家庭生产的农业社会化服务系统就会瓦解，结果是陷入退不回以家庭为核心的农业生产方式而大农场方式又没有效率的境地，最终可能出现政策被绑架的问题。

2015年6月

农民种地问题

前几年,一家英国媒体报道了我国安徽省小岗村土地制度改革状况。报道称,当前中国农村土地制度改革又走到了十字路口,中国农业现代化与集体土地所有制存在矛盾。英媒引用了时下流行的一种观点:随着城镇化推进和农村从事农业生产的农民老去,农业生产将出现危机,因为农村年轻人都到城市去打工,他们不愿意种地也缺乏种地的技能。因而,中国农业需要新的经营形式。这家英国媒体引用小岗村农民的说法,"农民需要被慢慢地赶出来,成为劳动力的来源",然后将土地交给农业企业家经营。

报道中,英国媒体借用了小岗村的一位从农民那里流转土地的农业企业家的看法:"中国农业发展刚起步,它需要由企业而非政府推动。就规模和规划而言,美国的昨天或者今天就是中国的明天。"由于农民不会种地,或者说将来没有农民来种地,所以需要通过土地制度改革,比如打破土地集体所有制,由企业或者其他资本主体来从事农业生产。问题是,农民真的不会种地了吗?

2016年,我们开始了一项国有农垦系统的调查研究活动,发现全国很多地区的农垦也同样存在老年人种地现象。对比发现，在国有农场种地要比农村轻松很多。当前我国大部分农垦也实行职工生产责任制，将一定规模的土地交给农工家庭经营，这与农村的土地承包经营有一定相似之处。不同之处在于，农垦的职工不拥有土地承包经营权，在一些农场，职工土地一年一承包，并且要按照农场的作业标准要求从事农业生产。农场向职工收取"共同生产费"，用于渠道、机耕道等基础设施建设，并且实施统一育种、统一耕翻、统一播种、统防统治、统一田间管理、统一收割等作业。因为做到了各个生产环节的"六统一"，作为生产责任主体的农民（农工）既可以按照农场制定的作业标准，自己投入劳动从事生产，又可以将这些作业环节交给市场服务主体，比如育秧合作社按照农民（农工）要求，提供供种、育种、机插秧的一条龙服务。

有了"六统一"作基础，农民（农工）从事农业生产十分轻松。"一把铁锹"成为农民（农工）最主要的生产工具，分散的农民（农工）可以组织起来与市场服务主体对接。调查发现，在同一个地区，普通农村的水稻收割可能需要每亩80元，而农场只需要每亩50元，原因是农场的土地是集中的，而农村一家一户土地分散细碎，提高了作业成本。在农场中，年轻一点的农民（农工）可以多承包一些土地，比如100亩，并且自己投入劳动完成主要生产作业任务，每年除掉上缴的农场费用还可以获得4万~5万元纯收益；50多岁的农民（农工）则可以将大部分作业交给市场，也能获得一定收益。农场的各级管理人员同时还是农业技术人员，他们结合当地气候土壤等条件，不断筛选试种推广最优品种，将最新技术向农场转化，实现管理与技术的有机融合，保障农场农民（农工）种植的高产稳产。另外，农场不仅制定"六统一"的作业标准，而且还督促农民（农工）落实，比如该喷洒农药时，队长（相当于农村的小组长）就会通知，并上门要求农民（农工）执行。拥有农业生产经验的人都知道，田间管理的关键是做到统防统治，否则病虫害防治效果就会大大降低（例如，喷药不同步会将一块田的虫子赶到另外一块田，待药效丧失虫子又会飞回来）。

农场的管理人员说，在"六统一"的基础上，种田几乎变成"傻瓜式"的，人人都可以进行。原因是，一家一户之上的农场组织，将农业技术环节都统筹起来，农民（农工）只需要按照统一作业标准种植即可。"别人晒田你也晒田，别人下种你也下种，不懂的可以咨询技术人员"，在农场种田相当简单，经过一两年就可以成为种田熟手。随着社会化服务体系越来越健全，60岁及以上的老人只要负责看水等田间管理工作，其他重体力劳动都可以机械化，由市场服务主体完成。老人种田并不难。

相较而言，在普通农村种田则要难得多，原因是普通农村土地分得很散很细碎。我们到广东省清远市调查，当地一个农民的土地不到10亩，居然分散为五六十块。这样的土地着实没有办法进行耕种。当年很多农村进行土地承包采用"远近肥瘦搭配"的方法，土地分得很散，后来土地承包期限不断延长，并且这种土地细碎"插花"局面通过确权等不断得到固化，造成现在农民生产困难。

普通农村土地细碎，极大地增加了生产难度。比如农田水利灌溉，一个村几百户，很难自发合作起来统一解决水利问题，于是形成"家家户户打机井"或者"靠天收"的局面。农村税费改革之后，20世纪六七十年代形成的农村水利系统迅速走向破败，农业生产的抗自然风险能力大幅度降低。国家投资进行农业基础设施建设，又遭遇土地不能够调整、农民的土地承包经营权受到法律保护等障碍，很难在分散"插花"的土地上进行统一公共品建设。再就是现代农业技术推广，也因为末端技术服务体系与千家万户分散农民做交易的成本太高而效果不佳。

在农业技术日新月异和农业机械化程度逐步提高的今天，我们的农业经营体系开始走向一家一户的原子化状态，很显然，这才是造成矛盾的关键。对比农村和农垦的状况可以发现，农村种田之难，不是在技术上，而是在这种单纯强调土地承包经营权而虚化集体所有权的土地制度改革思路，它与农业发展的现实需求存在巨大冲突。

从生产技术上讲，种田不难，尤其在发挥集体统筹作用的情况下。普通农村农民种田难，原因是土地细碎造成公共品供给困难，土地承包经营权固化造成国家投资无法落地，一家一户原子化经营主体与公共技术服务无法对接。由于缺乏统筹，面对高度分散"插花"的土地，机械不能下田，农民就需要肩挑人扛地去完成重体力劳动；由于农田水利等基础设施落后，需要一家一户农民各自解决用水问题；由于农民不能组织起来对接市场服务主体，普通农村的生产作业成本提高。普通农村生产之难，恰恰是因为一家一户农民拥有的土地产权过于分散细碎，而非相反。

一些媒体担心的下一代年轻人不会种地，或者中老年人种田难，并不是真问题。因为只要做好了统筹，真正将统分结合的双层经营体系落到实处，种田技术问题基本都可以由基层公共服务组织以及社会化服务主体去解决。纵然我国城镇化率超过60%，但在未来相当长的一段时期内，仍将维持数亿人生活在农村的局面，农民将依然是农业经营主体。所以，很难说美国农业的今天就是中国农业的明天。解决农民种田难的问题，关键是做好统筹。过去10多年，农民拥有越来越多的土地权利，而农业生产难度越来越大，这才是困扰中国农业发展的症结。

2016年10月

农业的困境

一

我们在湖南省湘阴县调研发现，随着粮价下跌，农业经营形式又有了新的变化。

伍桥村原来有几户种植几十亩到近百亩左右的"中坚农民"。前几年由于粮食价格不好，这些"中坚农民"纷纷退出农业生产，外出打工。伍桥村有一对父子，在那些"中坚农民"退出生产之后，以每亩200元左右的价格将土地流转，目前经营面积达到500亩左右。这对父子购置耕田机、拖拉机、收割机等机械设备，田间管理主要靠自己完成，农忙时节雇用临时工人。伍桥村因为有大户接手，土地被较好地耕种，而其他没有大户的村庄，在"中坚农民"退出之后，土地出现抛荒。

"中坚农民"退出农业生产，主要是受粮价影响。最近几年水稻收购价格下跌，2019年稻谷保护价是1.2元左右，湘阴当地农民以每斤0.9~1元的价格卖给贩子，农民每亩收益则减少200元。"中坚农民"种地挣的是辛苦钱，种50亩地，全年收益减少1万多元，他们承受不了。粮价下跌后，种地收入不够维持家庭生活，"中坚农民"就退出农业生产，如果没有大户接手，则会出现撂荒。我们调查了湘阴县的三个村，伍桥村之外两个村的土地抛荒率达50%左右，部分村民小组撂荒率达90%。

农村另外一类种田主体是60岁以上的老年人，他们没有外出务工的机会，便耕种土地补贴家用，"老人农业"十分普遍。我们在湘阴调查发现，最近几年当地"老人农业"也开始变化。老年人种地的优势是他们没有外出务工机会，种地不计算劳动成本，而且他们精耕细作，土地单产不低。但最近几年，农村开始出现老年人也退出农业生产的现象。由于粮价走低，种地收益明显下降，老年人的种地积极性也下降。并且，随着生活改善，农民的思想观念发生了变化，一些老年人认为辛苦种地不值得。过去老年人种地的动力是"反正闲着也是闲着"，现在老年人也开始懂得享受，一些人宁可在家闲着也不去种地。

年轻人不愿意种地，是考虑种地的机会成本。老年人也开始不种地，则是考虑时间成本。在种地获得收益与休闲之间，一些中老年人开始偏向后者。随着时间推移，"40后""50后"退出农业生产，返乡的"60后"逐渐成为农业主力。这些"60后"经历过外出务工，思想观念有所改变，种地的逻辑与上一代人大有不同。

"老人农业"发生变化，还体现为越来越多的老年人放弃了精耕细作模式。湘阴地区过去种双季稻，现在种双季稻的主要是老年人，种双季稻的老年人也越来越少。很多老年人选择只耕种自己承包地中条件好的地块，其他交通不便、灌溉不好的地块选择抛荒。一些老年人种地的主要动力是为自家提供口粮，他们认为自己种的粮食农药打得少，市场上买的粮食农药重。农民种口粮与种商品粮的逻辑不同，种商品粮是为了出售，遵循市场逻辑，农民要计算投入产出比，衡量辛苦值不值得；种口粮算的则不是经济账，而是为了吃得健康、绿色。

前几年，我们在武汉周边农村调查，发现农民在旱地里种满芝麻绿豆等杂粮作物，水田则被大片抛荒。农民种杂粮是为了自己吃，水田原本种的是商品粮。武汉周边农民到市里做一天小工能赚到一两百块钱，种商品粮不合算。湘阴的"老人农业"出现从种商品粮向种口粮变化的苗头，说明农村老年人种田也开始受市场经济的逻辑影响。一旦劳动力有了市场价格，农民种地就要考虑机会成本。当老年人也考虑种地的机会成本，老人种地的逻辑也就发生了变化。

二

粮价走低影响农民种地的积极性，并不是说种地就不赚钱。种地的绝对收益并不低。湘阴县农业局的一位工作人员给我们算了一笔细账。当地正常年份，早稻产量850斤、中稻1100斤、晚稻950斤，两季亩产1700斤。成本（每亩每季）包括肥料100元、农药100元、机耕80元、机收80元、种子50~100元、水费30~50元，总共大约为480元。目前水稻种植的机械化程度相当高，社会化服务体系也很健全，每亩地一季投工为1个。按照农民卖给贩子0.9~1元的价格计算，种一季中稻每亩纯收益达500元，种双季收益达600元。另外，还要算上补贴，2019年地力补贴是单季每亩105元，双季每亩175元。若不算补贴，在粮价下跌的情况下，种粮每亩收益依然达500~600元。种地有赚头。然而，"中坚农民"却纷纷退出农业生产，其原因是种地存在"规模不经济"。

"规模不经济"是指虽然种地绝对收益不低，但由于耕种规模太小，务农总收益有限。以"中坚农民"为例，一对四五十岁的夫妻在家种地，必须要实现不低于夫妻外出务工的收入。这个年龄段的农民两口子外出务工，一年至少能够带回家5万元。这就意味着，他们在家种地必须要达到100亩以上，才能够获得这个水平的收益。

前几年，政府引导工商资本下乡流转土地，湘阴的水田流转价格被炒到每亩500元。更早的时候，村庄内部自发土地流转，亲戚朋友之间捡着种地，象征性地给点报酬，谁种谁收益。大规模土地流转推广之后，村庄内部自发土地流转的规则被打破，村民之间流转土地也要支付流转费。土地流转费高达500元时，工商资本出现亏损，纷纷退出。随着"土地流转热"退潮，2019年湘阴的水田流转价格降到300元，村庄内部自发的土地流转价格为200元上下。

按照前面的计算，如果"中坚农民"向村民流转土地再支付200元的流转费，则每亩收益降至300元，这要求其耕种规模达到200亩，才能够维持家庭生活。夫妻二人耕种面积从100亩扩大到200亩，投资翻倍，劳动辛苦程度翻倍，风险翻倍，产量和收益却不一定翻倍。种100亩赚5万元有人愿意做，如果扩大到200亩却不能保证收益5万元，很多人就不愿意继续种田了。

前面说的伍桥村那对父子，经营规模扩大到500亩，且自己购置机械，实现规模经济，他们种地是高收益、高风险。

三

受劳动投入、辛苦程度、资金投入等因素影响，一对夫妻的耕种规模存在上限。当前粮食价格没有上调空间，种地补贴也没有增加空间，而人工成本和农资价格却在上涨（2019年肥料价格上涨10%，农药价格上涨5%）。增加种地收益只能向"内"用力。

第一步是土地政策问题。现在制约农业发展的根本之根本是土地政策。一是地块过于细碎，给农业生产带来极大不便。二是地权问题，高额的土地流转费，将农业生产剩余变成地租，剥夺了农业经营者的收益。另外，地力补贴没有真正落到种地者手中，这也与土地制度有关。总的来说，土地承包经营政策将土地权利配置给2亿多个承包户，在人地分离的背景下，产生一大批"离村土地占有人"，他们通过土地权利摄取利益，严重制约了农业的发展。

因此，发展农业，第一步是调整土地政策，回归土地的生产资料属性，实现谁种地谁拥有土地权利，不种地者不得利。另外，要解决土地细碎化问题。农村土地属于集体所有，农村土地问题很容易通过政策调整来解决。做好这一点，关键是要调整土地政策思路。

湘阴县的一位农业局副局长归纳了当前农业发展面临的五

个问题：一是机耕路不健全，影响农业机械化作业，增加农业生产成本；二是水利设施配套不全，灌溉是水稻种植田间管理最重要的环节，解决好水利配套，种田将轻松不少；三是田块细碎分散，所有种地环节都不方便；四是地权分散，不种地的人拥有土地权利，想种地的人没有土地可种，真正种地的人的辛苦劳动所得被不种地的人剥夺；五是农村基层组织动员能力下降，村民种地太分散，农业缺乏规划和统筹。

以上这些问题几乎都与土地制度有关，并且几乎都可以通过土地制度调整来解决。

土地细碎化问题，完全可以通过村庄内部土地调整来解决，比如借助土地整治来重新划分地块。此外，也可发挥集体所有制优势，将集体土地所有权做实，借助国家资源投入来改善农业基础设施，包括土地平整、田块重划、机耕道重修和水利设施建设。

从土地制度入手，可解决农业生产所面临的很多问题。最直接的是降低农业生产成本。按照那位副局长的估计，如果实现了田块集中连片，机耕作业费可下降30%~40%，其他成本如人工投入、机收费、运输费、喷洒费等，都可大幅度降低，每亩节约成本100元以上。

其次是降低生产难度。土地集中连片，机耕道齐全，水利设施配套完整，种地就变得轻松。这样一来，"中坚农民"规模将扩大，老人种地也不会太辛苦，农民种地的积极性就能提高。

再次是对接社会化服务。目前农业生产机械化程度逐步提高，农业社会化服务体系逐渐健全。例如，每个村都有拖拉机手提供耕田收割服务，私人烘干仓储设施也很健全。下一步需要解决一家一户农民与社会化服务对接的问题。

另外是对接国家投入。一是地力补贴，由于土地制度限制，这部分补贴最终被承包户占有，没有真正激励到经营者。通过土地政策调整可解决这个问题。如果每亩100多元的地力补贴真正落到经营户手中，经营户的积极性将大增，从而促进农业发展。

二是改善农业基础设施建设投入方式。针对这一块，湘阴县每年支出达1个亿。受地权分散限制，传统的项目建设效率极低。未来的解决思路是强化集体组织，将资金投放在集体组织，由集体来统筹建设。在农业补贴政策空间几乎用完的背景下，可增加农业基础设施建设投入，通过改善农业生产条件、健全社会化服务体系、提高资源投入效率等方面，增加农业竞争力。

我国农业面临严峻形势，粮食价格存在"天花板"，农资价格上涨，政策补贴已经用完，农民种田积极性不高。不少问题与土地有关，调整土地政策是破解问题的关键。解决农业问题，需要采取迂回策略，找到问题的根源，发挥我国土地制度和农业经营体制的优势。

2019年8月

菜农的类型

一

武汉市黄陂区的一位街道干部说，企业搞农业不赚钱。根据经验，他认为搞得好的企业，收支能够勉强持平，不亏不赚，搞得不好的都是要亏钱。武汉市自2007年左右开始推行土地规模化流转，建立农村产权交易所，鼓励企业下乡种地。10多年过去了，种地的企业大部分亏损，收支持平的很少，有些企业拖欠农民流转费跑路，由当地政府收拾烂摊子。基层干部很担心企业不能继续维持下去。武汉某区已经发生多起农业企业拖欠土地流转费的情况，政府在兑现流转费和土地处置方面承担巨大压力。

2007年，武汉郊区农村土地流转价格每亩500~600元，企业承诺每5年递增5%。现在土地流转费已经涨到650元左右。如此之高的地租，种水稻肯定不赚钱。一些企业下乡流转土地种蔬菜。蔬菜属于经济作物，产值高，所以企业认为种蔬菜比种水稻效益好。

实际上，企业种蔬菜也很难赚钱。大潭街道的李某是当地出了名的种田能手，他还担任所在村的支部书记。李某50岁，自1997年开始从事农业经营。当时农业税费负担重，李某将农民不种的地捡起来种，差不多300亩。这时，华中农业大学的一位教授从美国引进一个甜玉米品种，找李某试种。甜玉米是新鲜事物，武汉市民不了解，李某将种出来的玉米拉出去推广，找到学校、单位、商店等地方，免费试吃，甜玉米很快被接受。第一年市场被打开，第二年销路很好，整个街道各村农民都种上甜玉米。刚开始供不应求，价格好。当地农民种了两年甜玉米就盖上了楼房，本地人称之是"玉米楼"。第三年，由于种植面积扩得太快，种甜玉米的效益下降。

李某靠种甜玉米积累了"第一桶金"。2007年，李某又开始试种江城苕尖。苕尖也是新鲜事物，最早是由蔬菜种植专业户卢某引进推广的，他花了两年时间打开市场。苕尖是一种改良的红薯叶，本地人认为红薯叶不好吃，接受度不高。卢某将种好的苕尖送到武汉市各个酒店，与酒店达成合作，每出货一盘菜，给酒店10元钱的加工费。苕尖很快打开销路。前几年，三月初上市的苕尖价格达到每斤15元。当时种植户很少，苕尖不仅供应武汉，还销往湖南和江西。第三年后，苕尖开始被大面积种植，随后价格下跌。现在苕尖每年3月8日左右上市，价格为每斤6元左右，平时收购价只有1元多。李某种苕尖也赚了两年钱。

之后，李某开始发展养殖业，他联合本地36个养殖户，成立养殖专业合租社，养殖蛋鸡300万只。2017年，受环保政策影响，当地实施禁养，李某关停养殖场。过去20多年，李某一直发展农业，赚的钱都投到扩大经营中。目前，李某总共经营面积700亩左右。其中，一块100亩为水稻田，是政府征收后的未利用土地，无偿交给他种植。其他600多亩都是从农户手中流转的，基本都建设了大棚和其他农业设施。大棚覆盖面积近400亩，有几十亩西瓜地是露天经营。李某的大棚中，有30亩是政府补贴建设的，其他大棚由他自己投资建设，每亩成本9000元。

李某自己种植的大棚面积约60亩，其他的大棚和露天土地，都转租给小户经营，租金是每亩大棚2800元。这些小户主要是洪湖、仙桃等地的农民，他们2015年被吸引到本地，原因是附近新建了一个四季美蔬菜批发市场。李某负责投资大棚和地膜，提供日常基础设施服务，连上投资和地租，每亩成本2500元左右。因此，李某通过转包每亩可获益300元左右。李某自己种植60亩，雇佣工人，种植苔尖，还试种芦笋。经过多年经验积累，李某总结出规律，即一定要开发出新品种才可能赚钱。芦笋便是个新品种。

李某自己种植的60亩是亏损的，但他的目的是养人和试种新品种。李某全年转包租金收入74万元，经营成本85万元，其中，支付土地流转费45万元，常年聘请6个男工、5个女工，工资40万元。如果算上李某父子两人的劳动投入，整个农场亏损得更多。

李某属于当地农户的成功典型。李某本人是村干部，因此争取政府项目比较方便，当地政府也很支持他。迄今为止，李某农场投资总量在1000万元左右。其中政府补贴和项目投资超过300万元，包括两座温控大棚补贴42万元、育秧大棚补贴30

万元、冷藏车补贴10万元、农机补贴8万元、钢架大棚补贴30万元、道路维修补贴100万元、农业特派员工作站建设补贴30万元、家庭农场奖励10万元、冷库建设补贴10万元、"两减"项目补贴12万元、水肥一体化项目补贴20万元、农业物联网建设补贴30万元，等等。

李某的儿子认为，投资农业不同于房地产，农业关键靠经营。如果自己不经营，这些前期固定投资都会打水漂，比如家庭农场的附属设施就很难变现。

李某已经搞了20多年的农业，种植、管理、经营、销售，样样精通。并且李某作为村干部和政府扶持的农业先进工作者，还拥有各种社会资本，优先享受政策照顾。像李某这样的经营者，在天时地利人和下都很难见到效益，其他不具备这些条件的农业企业更难做到不亏损。

二

从经营上看，李某是亏损的。但如果算上政府补贴，李某能够做到基本持平。

李某认为，种植蔬菜的面积最好少于20亩，夫妻两口子辛苦劳动，再带着工人干活，一年可稳赚20万元。企业经营的人工成本高、管理成本高，种大棚必然亏。李某尽管一直在扩大经营面积，但是自己种植的面积从来没有超过500亩，他们现在的经营方式主要是靠转包土地。李某从农民那里流转土地，建成大棚，然后将其出租出去，赚取差价。李某的农场起到整合土地、资金和提供服务的功能，为小户提供方便，赚取的是"服务费"。

三

李某能够走到今天，很关键的是，他幸运地抓住了甜玉米种植和苔尖种植的两次机遇。在短时间内，狠狠地赚了两笔，为后来的发展打下根基。

蔬菜种植的特点是技术门槛低，且劳动密集。技术门槛低，意味着农民很容易学会种植。劳动力密集，意味着企业管理不如家庭组织有效。凡是符合这两个特征的作物种植，企业通常竞争不过小农户。

以苔尖为例，企业种植，每斤人工成本达0.5元，农资成本每斤平摊至少0.2元，再加上地租和其他支出，每斤成本至少1元。夫妻两口子种20亩大棚，没有管理成本，每亩成本0.6~0.7元。也就是说，企业种植，菜价必须要达到1元钱以上时才获利，而农户种植只要超过0.7元就有钱赚。小农户能通过价格优势将企业"挤死"。

李某种甜玉米和苔尖赚了两年钱，是因为他避开了与小农户的竞争。种植蔬菜水果等农产品可分为三个周期，一是开发期，二是兴盛期，三是稳定期。

开发期是指新的品种需要市场开发，包括品种的引进和种植技术的改良。新品种开发不仅要解决种好的问题，还要解决市场销售。有些品种不一定适合种，有些品种种出来后不一定与市场对路。曾有企业在黄陂种植广东菜心,本地人接受度不高,菜心种出来之后主要销往外地。新品种开发有风险,需要前期投资,适合企业做,不适合小农户。

兴盛期是指新品种的种植技术成熟,产品被市场广泛接受,销售渠道畅通。兴盛期产品通常供不应求,价格高,种出来不愁卖,挣钱容易。

稳定期是指农民看到某个品种很赚钱,都学习种植。一个新品种因此很快就达到了市场饱和,甚至卖不出去。经过一段时间的调整,这个品种会达到供求均衡。

市场高度灵敏,想要在市场中赚取超额利润,需要具备特殊条件,因为种植要么存在技术门槛,要么反周期。由于没有人能提前预测市场周期,并且种植业的技术门槛很低,没有人能够长期在种植上获得超额利润。

李某抓住了甜玉米和苔尖的兴盛期,确实赚到了钱,但是他无法长期赚钱。甜玉米和苔尖很快进入稳定期,其他蔬菜也一样,兴盛期不会超过两三年。

最早开发苔尖的卢某,前两三年种60亩地,每年赚50万～100万元。看到效益好,卢某流转3000亩土地,向政府申请补贴建设钢架大棚。卢某自己将房屋抵押贷款来发展种植基地,结果基地刚建成,当地农民也开始广泛种植苔尖,苔尖很快从兴盛期进入到稳定期,超额利润消失,他迅速破产。卢某不了解市场规律,判断失误,最终从年收入百万元的种植专业户变成了"流浪汉"——房子被拍卖,自己背负一身债务,还与妻子离了婚。卢某种植规模扩大得太大,责任首先在自己,其次与政府引导有关。当时，市政府出台蔬菜大棚补贴政策，要求补贴给形成规模的企业。卢某为了争取补贴而大干快上，李某认为卢某是"被政府补贴补垮的"。

四

农作物进入稳定期后，种植技术成熟，市场成熟，风险小，利润空间有限。企业种植不赚钱，而农民可以赚到辛苦钱。两口子种植几十亩大棚，自己给自己打工，从早干到晚，收入比务工的略高。

农户种植蔬菜大棚的经验是，长期种植一两个常规品种。例如，种茄子的坚持种茄子，种西红柿的坚持种西红柿，切忌年年更换品种。长期种一两个常规品种，市场稳定，且在长期种植过程中可以积累出种植经验，与贩子建立稳定关系，经验比别人多一点，客户关系比别人稳一点，于是形成微弱优势。专业户凭借微弱优势赚钱，如果跟风种植，看哪个价格高就改种哪个，往往进入市场低谷。

武汉周边还有一类特殊人群，他们是浙江的种植户，其种植规模与一般专业种植户差不多，夫妻承包几十亩大棚，自己劳动。浙江种植户的特点是不种常规品种，不与本地专业户竞争。比如，别人种蔬菜，他们种西瓜，本地人学会种西瓜，他们就改种大棚瓜，本地人学会种大棚瓜，他们就改种礼品瓜。

浙江种植户的特点包括：一是与本地人的种植品种错开，并且档次相对高一级；二是十分勤劳，比本地人更能吃苦；三是保持夫妻种植规模；四是在城市郊区流转土地；五是抱团，亲戚朋友一起外出种地；六是对政府补贴不抱期待；七是经常更换品种，种植技术先进，且提防本地人模仿（据说他们有时不使用本地采购的农药和种子）；八是直接向超市供货，卖不完的再走批发市场。

浙江种植户种植几十亩西瓜或是草莓，每年能赚几十万元。浙江专业种植户比本地专业种植户挣钱多，因为他们有时善于开发新品种，尽量保持在兴盛期。一旦某个产品进入到稳定期，浙江的专业种植户就退出并更换品种。这些浙江农民赚的也是辛苦钱，但是他们更加灵活，更懂市场，也善于学习新技术。浙江的种植户在各个城市郊区都存在，他们秉持"人无我有、人有我优"的原则，因此获得了一定的超额利润。

五

关于农业种植，有几个需要澄清的方面。

一是市场风险问题。访谈时，李某告诉我们，他最想向国家建议的是，可以建立一个全国性的农产品信息系统，通过系统实时公布全国农作物种植信息，比如每个品种每个地区种了多少。最让李某烦恼的是市场无序波动，经常会出现供过于求。由于蔬菜时令性强，常常会出现农民辛苦种一季却卖不出去的情况。将李某的想法推到极致，便是建立计划经济体系。实际上，市场本身就具有随机性、模糊性、信息不对称性等特征，没有人知道别人种多少，也没有人能够预测未来的价格。

这就是市场规律。正因为市场是不透明的，价格才起作用。通过价格，市场会实现均衡，市场波动是调解市场供求的手段。

农业企业对市场波动更敏感，原因是农业企业竞争不过小农户。小农户种苔尖卖每斤0.8元，略有赚头，企业卖1元都不能保本。一旦市场低迷，最先承受不了的是流转几百亩土地的农业企业。市场风险是内生的，不能指望在市场经济中消除。

二是大田作物与经济作物。蔬菜是经济作物，看似亩产值高，但不一定赚钱，最终收益一般与大田作物持平。原因是所有的产品价值都来自劳动投入。农业的垄断性不强，在市场经济条件下，无法保证长期种一类产品比另外一类产品更赚钱。任何经营活动都要遵守市场规律，哪里有钱赚，哪里就会有人去赚。市场最终会走向均衡。

一些地方政府推动产业结构调整，往往对市场供给造成影响。政府看中的产品，价格好，民间实际上已经在自发扩张，这时鼓励农民种，就正好赶上稳定期，最后造成供过于求，一些产品种出来却卖不掉。

三是高精尖与大路货。企业种普通农产品竞争不过小农户。因此，一些人就想着要种高精尖的品种。对于高精尖农产品，不仅要解决种植问题，关键是要找到销路。武汉郊区有企业种植了几十亩洪山菜薹，口感特别好。这些菜薹如果送到超市，打上品牌，春节能够卖到每斤几十元；如果不送超市，直接走批发市场，价格与普通菜薹一样，每斤1元。在销售渠道没有建立起来时，高精尖蔬菜只能走批发市场，卖出与大路货一样的价格。因此，高精尖和特殊农产品，一定要做出品牌，建立直接销售渠道。然而，这就不是种植的问题，而是商业问题。还有一些企业宣传时，动不动就计划搞出一个特色品牌，大米要卖到每斤20元，蔬菜要卖到每斤50元。企业搞一些噱头，想从消费者那里赚钱，问题是，消费者也不是那么傻的，想凭空卖出高价并不容易。

四是时令蔬菜。时令蔬菜一般由本地供应。农户将蔬菜送到批发市场，经由贩子运到城区分销，至少要经过两道环节。时令蔬菜一般是头天傍晚或是晚上采摘，第二天凌晨送到城市分散摊贩，清晨销售。时令蔬菜不保鲜，销售周期是一天，一两天卖不掉就要倒掉，其种植与种粮食存在差别。

五是政府补贴。李某说有些投资搞农业的人是被补贴补垮的，有一定的道理。政府补贴企业，而企业去"钓"政府的"鱼"，反过来被套牢。一些人投资农业的动机是去套取补贴，企业盲目扩大，忘记初心，最后垮掉。坚守本心，农业企业才能真的挣到钱。

六是"菜篮子"工程。政府打造"菜篮子"工程，目的是为城市建立稳定、低价、安全的蔬菜供给。实际操作中，地方政府将"菜篮子"工程打造与"美丽乡村"建设、新型城镇化、一二三产业融合等绑在一起。政府鼓励企业下乡流转土地，将补贴对象定位于现代农业企业。实际上，一些企业下乡后要么不种地，要么种也种不好。部分企业打着各种"发展绿色有机"的名号去套政府补贴，结果补贴发生偏移，不但企业没赚钱，"菜篮子"工程也没做好。

七是小农户与大市场的对接。黄陂的菜农通过四季美批发市场，与武汉千家万户市民连接起来。从田头到餐桌，最有效的对接方式就是市场。市场高度竞争，每个环节都经过合理分工，将运销成本降到最低。好菜不愁卖，有钱不愁买。试图在"菜贩—批发市场—分销商—零售摊位"这个健全的市场体系之外再建立一套销售运输系统，成本一定比原来的高很多。所以，在市场有效的领域就不要再建立其他系统，而在某些市场失灵的方面，比如食品安全，政府要做的是在现有的市场体系中建立一套监管系统，比如严格执行农药残留检测。这些市场做不了的，一定要政府来做。吃上放心菜即是广大市民迫切希望政府来做的事情。对于那些市场能做好的事情，政府则不必过多干预。

2019年12月

粮价与粮农

一

公开资料显示，水稻最低收购价从2004年到2018年，经历了先升后降的过程。2004年，中晚籼稻最低收购价是每斤0.72元；2011年从1.07元涨到1.25元；2014年至2016年连续三年保持在1.38元，达到历史高点；2017年下调，降至1.36元；2018年进一步降至1.26元。2019年的小麦最低收购价每斤下调3分钱。

最低收购价是国家制定的保护价。粮库一般不直接向农民收粮，农民将粮食卖给贩子，价格比保护价低0.2元左右。近几年，不仅粮价下调，卖粮还难。粮库收粮标准比过去卡得更严，粮食不好卖。

粮食需要人种。粮价下跌，生产成本上调，一降一升，农民种粮没有积极性，会影响到粮食安全。粮价下跌对农民种植有不小影响。武汉市黄陂区属于郊区，农民务工方便，很多农村老年人进入非正规就业领域，六七十岁的老年人一天打工可以挣100元工资，因此农民种地积极性不高。粮价下跌，农民更不愿意种地。武汉郊区很多村庄种植几亩或十几亩的小农户几乎绝迹，土地抛荒严重。部分容易耕种的土地，由一些大户经营,但粮价下跌对大户影响也很大。

二

先来看当地的四个水稻种植大户的案例。

第一户,祁家湾街道的吴某。吴某2013年开始种田,刚开始种的360亩为流转自本村3个村民组100多户的土地,超过300块,最大田块5亩。由于个别农户自己要种田,为了做到连片,吴某用好田置换,尽量避免"插花"。吴某说,如果土地整治好,解决水源问题,自己可以种500亩。后来吴某退出一部分土地,现在还种180亩。吴某没有买机械,全程用社会化服务和雇工,自己负责日常田间管理。

按照当地老亩标准(超过标准亩)算,吴某的水稻亩产可达1500～1600斤(含水分13.8%)。2019年,108亩水稻卖了16万元。吴某卖到每斤1.07元,是祁家湾卖的价格最好的。吴某每亩投资约1300元,包括流转费300元,耕田120元,收割120元,种子6斤300元(他采用直播),化肥260元,农药除草剂(加人工)150元,抽水电费20～50元,每亩雇佣人工1个130元。地力补贴86元归农户,耕种补贴55元归自己。搞得好的年份每亩可以赚200元,一年可以赚3万～5万元。

总的来看,种田效益不高,一年投资几十万元,劳神费力,比不过外出打工。碰上年成不好的时候,可能还挣不到钱。吴某举了他们隔壁村一个种田大户的例子。2019年,那个大户种了500亩,投资五六十万元,辛苦干了一年,挣了5000

元。如果算上大户自己的劳力投入，完全是亏的。

吴某之所以种田，很大原因是当了村书记，没有其他工作可做。村书记待遇不高（一年4.2万元），只好将种田当作副业。2019年碰上大旱，他与妻子顶着40摄氏度的高温去搞灌溉，九、十月份忙了一个多月。吴某说，"种田种倦了，再也不想种了"。他还说，下一年不再种了。

第二户，罗汉寺街道的周某。周某1984年出生，早些年曾在武汉开出租车和做水电安装，其父在村种了几十亩田。周某2012年回乡创业，投资农业机械。创业第一年将农业机械的成本收回一半。自2013、2014年开始，当地买机械种地的人越来越少，农业机械服务需求减少。于是周某2015年承包了220亩土地，从经营农业机械向种地转型。2015、2016年的粮价较高，种田略有盈余。2017年以来，种田效益不好。2018年周某贷款10万元，投资20亩鱼塘，但是当年鱼塘被人投毒，损失惨重。2019年，他更换了父亲之前经营的一个老式打米机，投资购置新式打米机，开始经营大米加工。

2019年，周某耕种220亩，单产900斤左右，每斤卖0.8~1元，收入16万元，总投入15万元。其中，每亩成本包括人工费、机械作业费300元，土地流转费260元、种子120元、肥料130元、农药化肥80元。另外，干旱还造成10亩绝收。周某全年赚了一点机械费，3万多元。

第三户，罗汉寺街道的刘某。刘某1974年生，是某个村的副书记。刘某2006年开始搞农业机械，当时散户种田，"搞农业机械好得不得了"。刘某见证了当地的农业兴衰。他从2006

年开始搞农机，价格持续上升，到2010年开始走平。刘某2012年开始包地，当年流转了200亩，2013年扩大到600多亩，后来分给别人100亩，自己留了500亩。刘某说，一直到2016年种田还有一些利润，2017年粮价下跌，效益不好，之后两年情况更差。

刘某说，2017年之前，如果没有遭受大灾，每亩可以赚300～400元。2016年粮食卖到1.36元，2017年1.34元，现在最低收购价1.26元，但是粮食不好卖，米厂收购价是0.9～1元，贩子直接从稻田收购价格是0.85元。刘某流转的500亩土地经过了土地平整。他说，没有平整过的土地免费给他种都不要。流转费每亩300元，合同一次性签了10年（从2012年到2021年）。2019年，遭受干旱。刘某认为，如果不是一部分田绝收，2019年可以持平。

刘某从经营农机起步，前几年种田赚的钱都投到农机上。现在他拥有80匹马力拖拉机2台、100匹马力拖拉机1台、100匹马力收割机3台（第一台是人工灌装，第二台自带小型粮仓，第三台自带长储粮仓，更换收割机的目的是为了减少人工）、高速插秧机1台、秸秆打捆机4台（1套自组式，3套悬挂式）、旋耕机10套、烘干机3组（每组日烘干能力20吨）、无人喷洒机1架。

人工成本上涨改变了种植方式。刘某回忆说，2006年请临时工每天20元，现在工价涨到200元，如果请六七十岁的老人干活，每天7小时，工价120～130元。过去插秧、收割、撒药都用人工，现在都改成机械。如插秧，过去是移栽，现在若是用人工插秧，一亩得200元。当地农民采用十分省工的直播撒播。中间曾推广过几年机插秧，其好处是方便后期田间管理，减轻草害，产量高一些。但是机插的用工多，综合效益不如撒播，因此农民普遍选择用工少的撒播方式。

无人机喷洒已经推广了三五年，农民主要选大疆和极飞这两个品牌。一台无人机总价6万元，政府补贴1.5万元，农民出4.5万元。现在无人机已经发展到第二代。第一代无人机可以充电200次，第二代可以充电400次（一组电池4000元），续航能力更强，且采用自动驾驶技术。第一代无人机需要人工操控，第二代设置好航线之后，可自动作业，自动避开障碍物，自动返航。无人机可撒播农药和种子，大面积作业费是每亩8元，每小时作业150亩，小面积作业每小时50亩，效率极高。如果请人工喷洒农药，费用为一天140元，可作业10亩，并且容易发生中暑和农药中毒。无人机作业雾化程度高，在防止叶面虫害方面，比人工效果好。大户普遍采用无人机喷洒农药。

刘某拥有全套机械，平时雇用两个农机手，还请了五六个临时工。为了养活机手和工人，他尽量找活干。如购买打捆机，将秸秆打捆卖给养牛场或是有机肥厂。刘某冬季种300亩油菜，政府给予每亩80元的机耕补贴和70元的种子肥料补贴。种油菜主要是赚补贴钱。

每年3月开始农忙，一直到10月下旬收割完毕，刘某每天劳动10个小时以上。冬季种油菜的时候，刘某会相对闲一些。刘某之前是做铝合金门窗生意的，一年可以赚10万元以上。种地之后，赚的钱全部投到农业机械。刘某说，如果不种田，农业机械只能当作废铁卖掉，所以尽管种田效益不好，还得硬着头皮继续种下去。

第四户，外地人罗某。罗某1960年生，湖北应城人，他流转了土地3400亩，是黄陂区最大的水稻种植户。罗某2008年开始搞农业经营。之前，罗某在老家当村委副主任、会计。罗某最早是到洪湖市包地种，外出包地的原因是儿子在外打工不挣钱。他将两个儿子弄回来，拢在一起，防止他们走上歪路。第一年他包了2000亩，流转费是每亩300元，当时粮价很好，每斤至少1.3元，每亩能赚500多元，前三年净赚200多万元。后来，洪湖市推行退田还湖，罗某通过朋友推荐，到黄陂区包地。黄陂地区2007年左右就开始大面积抛荒，罗某到前川街道包的地，有的已经荒置10多年。第一年开荒，旋耕机用坏了8台。2017年他到罗汉寺街道包地，某个村进行土地整治后，罗某流转了1400亩，合同签到2028年，流转费每年每亩400元。现在罗某有两个种植基地，都经过土地整治，地块连片。其中一个地块，政府投资上千万元修了排灌站。罗某说，没有整治和连片过的土地，无法耕种。

罗某一家九口人：罗某夫妻，两个儿子和儿媳妇及孙子，女儿和女婿。妻女照顾家庭，负责后勤和照看孙子，儿子、女婿开机械，罗某则全盘管理。家里请了两个固定长工，另外，每年临时用工支出15万元，合计每亩半个工（每个工100元）。

罗某购置了全套机械，包括4台拖拉机与旋耕机，总价60万元（政府补贴10%）；3台收割机，共计280匹马力；运粮车1辆；汽车1辆，25万元；洋马牌插秧机1台，14.3万元；无人机，用坏1架，新买1架。

他在洪湖种地时采用人工插秧和机插秧，2017年开始全部直播，现在采用无人机撒播，用种量每亩3.5斤。无人机撒播成本每亩3元，人工直播需要15~20元，机插需要每亩50元，人工插秧需要200元。

随着粮价下调和农资上涨，罗某觉得包地种越来越难。2008年化肥每吨1800~2200元，现在是3200元。人工、农药成本也都在涨，杂交稻种每斤50元，优质稻种涨到每斤100元。罗某每年柴油汽油费用30万元，2019年抗旱电费3.4万元。

罗某种植水稻的成本是880~980元。其中，每亩半个工50元、保险20元，地租中有2000亩是300元，1400亩是400元。风调雨顺时，平均亩产1000斤（湿谷），每斤能卖到1元，毛收入1000元。种植补贴每亩55元。

罗某冬季拿出1000亩地种小麦，1000亩种油菜，1000亩闲置。开年后，将这1000亩冬闲地第一轮翻耕，种植早中稻。早中稻4月中旬到5月初种植完毕。随后油菜成熟，在油菜地上种植中稻，4月中旬到5月下旬完成。最后是小麦收割，种晚中稻，5月下旬到6月20日种完。罗某很好地安排了农茬衔接。

冬作物产量不高，够保本。播种冬作物，可以提高机械使用率，每亩赚取近200元的机械作业费。

粗略算账，罗某有钱可赚。实际上，2011年到黄陂包地时他带来了360万元现金，到2019年，总的算起来还亏80万元。这还不包括他们全家的劳动力投入。过去8年，3年风调雨顺，5年背时：第一年开荒地，投肥少，高产，赚到了钱；第二年基本保本；第三年受洪灾，1000多亩地被淹了1米深水，长达22天，大面积绝收，亏了170万元；第四年保本；2018、2019年连续两年干旱。2019年在下店村旱死了1000亩，亏了70万元，农业保险赔了近50万元。

在过去不到10年时间中，一次水灾和一次旱灾让罗某两年亏了200万元。罗某赚的钱有一部分投资到农业机械上，以及在两个基地上购买农民宅基地并建了两处房产。

罗某说，现在是骑在老虎的背上，不敢下来。放弃经营，便会前功尽弃，负债无法偿还，上百万元的农业机械也变成废铁。罗某每天给儿子女婿打气，鼓励他们坚持再坚持。事实上，罗某坦言，再继续亏一两年，自己也支撑不下去了。

2017年开始，罗某与一家公司合作。该公司是湖北省农业龙头企业，属于湖北省唯一一家具备动态粮油储备资质的民营企业，包含米业加工业务。近年来，米业加工难做，公司希望创立自己的大米品牌，寻找大户种植优质水稻。米业公司自己流转4000亩土地，再将土地转给大户耕种。罗某在下店村的1400亩土地，就是从米业公司转过来的。米业公司准备在这4000亩土地上规划发展优质稻，罗某这些大户负责种植，公司用保底价收购稻谷。目前，双方都还在探索中。罗某希望米业公司能够做成品牌，到时自己靠种植优质稻提高效益。

三

这些大户早期确实赚到了钱,但如今效益不好仍继续耕种,有三个方面原因。一是被前期投资的农业机械拴住;二是仍希望未来形势改变;三是与农户签了较长期限的土地流转合同,毁约成本高。

继续种不赚钱,但同时还有点舍不得放弃。这些大户目前都存在矛盾心态。

这些大户在经营能力、技术掌握、市场关系以及与本地农户维持关系方面都具有优势。他们有技术,十分勤劳,属于真正会种地、想种地的人。目前存在的主要问题是种地效益不好。如果未来形势不变化,这批人也很难坚持下去。

四

这些大户经营者,在等待形势变化的同时,也在想办法自救。

祁家湾吴某的情况最简单。他没有购置农业机械,种植规模小,投资少,风险小,现在还能够勉强维持着。如果形势继续不好,吴某可以很容易退田不种。

第二户周某开始朝着纵向发展,他不仅种地,还开始投资米业加工和渔业养殖业。周某的种植规模也不大,管理可以做到精细。周某的思路是,尽管种田不赚钱,但先坚持着,边坚持边发展其他产业,希望在其他方面赚钱。

第三户刘某面临的问题是农业机械"吃不饱"。据他自己估计，他的全套机械可作业3000亩以上，但由于农机使用率不高，还存在保养不及时的问题，机器损耗过快。刘某为了养活农机而包地种，从经营农机转向水稻种植，结果种地耗费精力，农机经营业务也受影响，两头都没有搞好。刘某很难做到农机与土地种植面积的均衡。

第四户罗某走向了横向规模化。他的优势是家庭劳动力多，实现了扩大规模的"家庭经营"。罗某的人力、机械、土地面积等搭配比刘某合理，做到了家庭经营的极限。问题在于，罗某的规模大，投资多，风险大。年景好，他便赚得多，若碰到灾害，就有可能遭遇灭顶之灾。罗某准备与米业公司合作，向种植优质稻方向发展，试图借助外力来求生存。至于能否做成，主要看米业公司能否将品牌做成。

总的来看，由于粮价下跌和成本上涨，受到挤压的专业种植户也逐渐改变经营逻辑。过去粮价好的时候，夫妻两口子耕种两三百亩，自己购置部分农机，自己管理，自己劳动，一年能够赚到些许辛苦钱。现在，种田效益下降，种一二百亩顶多挣三四万元。三四万收益实现不了规模经济，于是这些大户就开始想办法，朝横向或纵向扩大经营。

为了挣钱，这些种植户打破之前的最优规模结构，他们要么进入自己不熟悉的领域，如从种植到养殖，要么是扩大规模，从300亩扩大到500亩，要么是发展农机。问题是，隔行如隔山，长期做一件事才能积累优势，若是什么都做，则容易什么都做不好。规模扩大，投资增加，风险也扩大，夫妻两口子管不过来，就突破了家庭农场的极限。事情逐渐走向反面，优势变劣势。

这些大户匆匆转型也是不得已而为之。他们想生存和挣更多的钱，却往往在不经意间掉入了陷阱，未来也许要亏得一塌糊涂。

这背后的道理在于，粮价下跌会改变农民的经营方式。过去几年粮价下跌，使家庭农场也面临破产。未来走向何方，还值得观察。粮价是个现实问题。

2019年12月

经营体系的演变

一

农业适合家庭经营。农业经营形态要结合农民的家庭收入来看。改革开放以来，农民的家庭收入方式不断变化，农业经营主体也在不断分化。

改革开放初期，农业之外的就业机会少，农民主要靠农业维持生活。土地包产到户，家家户户都种地。小农户构成农业经营主体。

20世纪八九十年代，农民家庭收入主要来自农业，家庭多余劳动力外出务工，务工收入是辅助性的，以农为主的兼业户出现并增多。

进入21世纪之后，农民外出务工规模扩大。"半工半耕"成为农村普遍形态，老年人在家种地，青壮年外出务工，以工为主的兼业户增多。

随着农民外出务工人数增加，举家外出务工的农户增多，他们将土地交给亲戚朋友耕种。一部分以农为主的兼业户变成以工为主。还有一些没有条件外出务工的青壮年，扩大种植规模，变成专业种植户。这些专业种植户捡种举家外出务工农户的土地，规模达到三五十亩，年收入与外出务工差不多，他们变成村庄里的"中坚农民"。

另有一部分家庭，只留下老人在家耕种土地，形成"老人农业"。

2000年之后，全国统一劳动力市场逐步形成。自20世纪90年代开始出现的人地分离趋势加剧，农村劳动力重新安排，家庭之间分化，土地资源重新配置。农业经营主体从20世纪80年代的小农户（户户种地）形态，过渡到20世纪90年代的兼业形态，并继续发展至2000年之后的专业户（"中坚农民"）和"老人农业"形态。

二

推动农业经营主体变化的重要因素是城乡劳动力流动。劳动力市场形成后，劳动力具备了价格。

改革开放初期，农业之外缺乏就业机会，农村劳动力缺乏价格，农业劳动投入不存在机会成本，农业存在过密化经营。这一时期，农民种地主要追求产量。劳动力价格相对低，农业生产方式维持着传统的肩挑人扛形态，机械化程度低。

20世纪90年代，务工市场开始出现，小农户经营方式开始松动。这一时期的劳动力重新配置主要发生在家庭内部。家庭闲置劳动力外出务工，如未婚的青年人。广大农民依然是种地主体。

进入21世纪之后，家庭之间开始分化，不同农民对土地的依赖度不同。绝大部分农户的收入越来越依靠务工，农业地位逐渐下降。而后，举家外出务工的增多，土地资源重新配置矛盾也开始出现，农民之间存在广泛的自发土地流转。由于劳动力价格显现，农业过密化形态逐渐被打破，农民种地开始算经济账，农业经营主体变成在城市找不到就业机会的老年人，以及没有条件外出的"中坚农民"。

务农收入与务工收入的关系，是撬动农业经营主体变动的杠杆。产生"中坚农民"的条件是夫妻务农收入不低于务工收入。在当时的条件下，参照外出务工工资、农村消费水平、种田效益等，夫妻耕种三五十亩土地，可收入几万元，达到了平衡点。"中坚农民"靠种田也过上了小康生活。

三

2007年之后，为创新农业经营体系，地方政府推动土地流转。一些地区鼓励资本下乡大规模流转土地，之前民间自发进行土地流转的局面被打破，地租价格被资本炒高。资本下乡大规模流转土地，"中坚农民"被挤垮。过去"中坚农民"捡地种，现在无地可捡。

部分企业下乡坚持了几年后，纷纷破产跑路，再次验证企业化管理模式不适应农业种植。一些地方发展出专业户种植，三五百亩，家庭经营管理，属于家庭农场。

与企业不同，专业户亲自经营管理，十分辛苦。农民投资一部分农机，在地块连片、基础设施配套较好、风调雨顺的情况下，种三五百亩地，一年可获10多万元的辛苦钱。专业户种植比较精细，既能产粮，也能有效益，属于较为理想的经营方式。

当前城镇化进入新的阶段。过去是劳动力城镇化，今天进入到人口城镇化阶段，人地分离趋势加剧。在此背景下，过去村庄中的一些"中坚农民"，在有条件的情况下，开始向更大规模的种植专业户转化。当前农村发展比较好的三五百专业种植户，一般是村庄里的强势群体，如村干部和返乡能人。

四

最近几年，粮价下跌，卖粮难，农资上涨，造成种田效益下滑。拥有三五百亩地的专业种植户也被挤压。一部分专业种植户面临破产。

粮价下降，影响的不仅是专业种植户，还有其他经营主体。

从粮价上看，与三四年前最高点相比，现在下降三四毛，意味着每亩净收入减少三四百元。再算上农资、人工成本以及农村消费支出的上涨，过去种三五十亩的"中坚农民"已经养不活家。他们的日子不好过。

"中坚农民"必须转型。一是扩大规模，但扩大规模会产生新的问题。二是从事多种经营，比如"稻虾连作"（小龙虾价格已经下跌，未来还可能继续下跌）。三是外出务工，退出农业。各地的"中坚农民"在减少，这一富有重要社会价值的经营主体，正发生转型。

另外是"老人农业"。种地不赚钱,老人种地的积极性也在下降。过去老人种地不计劳动成本和辛苦程度,前提是种地有钱赚。

谁在种地?一些暂时退不出的专业种植户,他们前期的投资很大,只能继续维持。一部分人正在进行二次创业,比如扩大种植规模,或是发展优质稻。形势正逼迫他们做出改变。问题是,他们正在朝着更高风险的方向调整。如果粮价继续下跌,这个群体会面临更大的压力。

过去一段时期,由于劳动力市场兴起,劳动力有了价格,种地相对效益在下降。相对效益下降,农民就会调整家庭经营方式,群体内部产生分化,而后土地资源重新配置,新的经营主体出现。最近几年出现的新问题是,粮价下降和种田绝对效益下降。

2019年12月

农业经营主体

城乡劳动力大范围流动之前,几乎所有的农民都种地,农业以小规模为主。小农户的特点是没有其他就业机会,种地只追求绝对产量高。今天,城乡劳动力流动,种地的外在条件发生变化。种地必须算经济账。不同经营主体算经济账的方式存在差异。下面以武汉郊区的苔尖种植户为例来分析。

一

苔尖是一种常见蔬菜。长年销售价格平均在1.7元上下。苔尖需要大棚种植,第一年10月下种,冬季保暖,开春3月上旬开始采摘。大棚等投资需要每亩5000~6000元(大棚和地膜等可多年使用),农药化肥成本平摊到每斤2毛钱,其他主要是人工成本。苔尖采摘很费工,工人每小时能采20斤,10元一个小时,人工成本达每斤5毛钱。所有成本折合起来,每斤将近1元钱。种苔尖还要专人送到蔬菜批发市场销售,算上进场费、运输费和损失费,收购价低于1元钱就没有收益。因此,苔尖收购价低于1元钱时,当地的专业种植户就停止采摘。

前几年,武汉市的苔尖供应湖南和江西,如今这些地区已经发展出当地种植，武汉郊区农民种植苔尖主要供应本地。苔尖市场渠道畅通，价格透明，不同种植主体的效益存在差异。

先来看三个种植主体。

第一户是汪某，为汪湾村委副主任的哥哥，1964年生，1984年到武汉打工，做木匠。1982年分田时，汪某家有九口人分地。1988年结婚后，他继续与妻子一起外出打工，两个孩子交给父母照顾。家里的土地由父母经营，农忙时，汪某回家帮助插秧收割等。1998年，打工情况不好，汪某回到村里，分家分到四口人的地，连同弟弟的地一共种了20多亩。种田之余，汪某买了一台手扶拖拉机，帮人耕田、碾稻谷和拖运，农闲时帮人拖砖，一年挣七八千元。2009年，汪某将土地流转出去，全心跑运输。2014年，汪某包了本村无人耕种的24亩土地，自己投资15万元建成大棚，种植苔尖。土地流转费为每亩100元。

汪某夫妻两人自己劳动，并雇了本村附近的3个临时工人，都是60多岁的妇女，从3月干到10月。汪某负责种植管理、卖菜、运输、施肥、浇水等，汪某的妻子带着3个工人一起采摘。汪某的两个儿子和儿媳妇都在武汉打工，一个孙女上小学，一个孙子上幼儿园。每年3月之后，汪某夫妻每天早上三四点钟起床进棚，6点钟回家送孩子上学，下午5点从校车接回孙子，之后继续下地干活。

汪某一个棚每年产值1.5万元，所有成本占其中的一半，不算自己的人工投入，还净赚产值的一半。汪某大棚覆盖面积16亩多，一年净赚10万元。

第二户是郑某，1971年生，湖北省红安县人。2014年到大潭街道包地，之前他们夫妻在汉正街卖菜20多年，零售加批发。卖菜很辛苦，前几年郑某的妻子身体不好，不能继续卖菜，郑某便改行种菜。郑某到当地一家农业公司转包100亩地，投资建设70亩大棚，20多亩种露天蔬菜，租金每亩800元，合同一年一签。2017年，郑某换了一块55亩的地种，其中一部分带大棚，带棚土地租金为每亩2800元，他在剩下的空地上自建大棚20多亩，空地的流转费为每亩800元。郑某希望签长期合同，公司只同意一年一签。

自2014年开始，郑某一直种苔尖。郑某妻子的身体不好，只能做帮手和负责后勤。郑某负责管理、销售和运输，平时雇用8个工人，其中一个长期工人带班，8个工人都是附近村庄的老年人和妇女，已经给郑某干了5年活。工人采摘1斤，按件结算，给5毛钱工钱，一个工人一天最少挣80元钱。赶上初上市时，加班加点干，一天能挣200元。

郑某种苔尖的成本包括，人工5毛，农药化肥2毛，租金2毛，大棚投资未计算。他的土地亩产1万斤左右，价格好的时候，每亩一年可赚3000元。

郑某种5年苔尖，3年不顺。第一年行情好，菜价平均达到1.5元，赚了10万元，请了12个工人，当时工价略低，男80元，女60元。第二年菜价不好，大棚淹水，不算自己的人工投入还亏了8万元。第三年，又淹水，亏了6万元。第四年，冬季大雪，有30多亩大棚被压塌，没有投保险，损失20多万元。2018年，冬季温度低，很多种植户的大棚只覆盖两层膜，苔尖苗被冻死，郑某覆盖了三层膜，开春价格好，全年平均卖到1.5元，意外赚了40多万元。

为了种苔尖，郑某将过去10多年卖菜所得的积蓄都投入进去，如今还有一些负债。他希望以后挣钱，填补前面的亏空。

第三户是三里桥街道的王某，1968年生，2005年开始种菜，之前在武汉打工。王某最早种甜玉米、豇豆、毛豆等，露天种植，最大规模达400亩。2015年他开始种大棚苔尖，土地面积68亩，大棚覆盖35亩，土地流转费为每亩1400元。

农地由王某夫妻管理，王某负责打药灌溉、管理和运输销售等，妻子带着6个工人摘菜，按件结算，工钱每斤5毛。

王某的经营情况是，2015年赚钱；2016年因价格差、虫害多，亏钱；2017、2018年持平；2019年遭受冻害。

以上三户代表了两种种植主体类型。汪湾村的汪某属于"中坚农民"，郑某和三里桥的王某属于专业户。除这两种类型外，还有其他两种类型种植户，分别是老人户和农业公司。

老人户的种植规模不大，一两亩，主要是靠自己投入劳动力，采摘一斤赚一斤的钱。

农业公司流转土地几百亩甚至上千亩，争取政府项目，建设成大棚，由投资人当老板，聘专人管理，雇工经营。前几年到黄陂区流转土地种蔬菜的农业公司几乎都退出了直接经营。公司发现，自己种得越多，亏得越多，因此不种，将大棚转包给农户分散种植。

二

以上四类苔尖种植主体的经营情况,见表6。

表6 四类苔尖种植主体的经营情况

	农业公司	专业户	"中坚农民"	老人户
面积	数百亩以上	50亩左右	20亩左右	两三亩
管理模式	企业管理、雇工	家庭管理、雇工、现场监督	夫妻管理、带着工人劳动	自己劳动
管理效率	低	中高	高	最高
成本构成	地租、管理成本、生产成本	二次流转地租、生产成本	自发流转低租金、生产成本	生产成本
产量	低	中高	高	不定
亩效益	低	中	高	高
总收益	低	高	中高	低
补贴	优先	无	无	无
风险	高	中高	低	很低
总预期	低	中高	高	低
规模经济	不经济	适度	适度	适度

农业公司流转数百亩土地,采取公司化管理。苔尖属于劳动密集型种植,无法直接监督工人,管理效率很低。企业经营的成本高,产量低,风险大。企业的优势是容易获取各类补贴。一些企业带着套取补贴的目的流转土地,越投越多,被补

贴带偏了方向，最后是亏得一塌糊涂。吸取教训之后，部分企业不种地，拿着政府的补贴搞好基础设施建设，纷纷将建成的大棚转包给专业种植户。

专业种植户采用家庭经营，一个人主外，一个人主内，雇佣10个左右工人采摘。他们投资较大，规模大，风险较高，效益不差。运气好的时候，一年挣几十万元，运气不好则会亏损。专业种植户必须要有一定的经济实力，能够熬过周期波动，如果坚持种下去，总体上能够赚钱。

"中坚农民"的规模比专业户小，夫妻管理，带着少数几个工人劳动，管理效率更高。他们投资较小，通过精细化管理能有效规避部分自然风险。"中坚农民"一般是本村人，生产靠自家土地和低价流转周围邻居的土地，成本低，效益好。

老人户规模小，成本低，农资、运输等成本加起来每斤5毛钱，批发价达到1元钱时，老人还可以赚5毛钱。老人采摘苕尖，赚的是自己的劳动收入。

从保障"菜篮子"和蔬菜供给的角度看，老人不能成为稳定可靠的蔬菜种植主体，公司也不适合，比较适合的是"中坚农民"和专业种植户两类主体。

三

"中坚农民"与专业种植户有同有异。二者都采用家庭管理，管理效率高。差别在于，"中坚农民"一般是五六十岁的农民。他们负担较轻，种植一二十亩大棚，可以获得稳定的收益，过上小康家庭生活。"中坚农民"的逻辑是维持生活，没有想着通过种地来发财致富。因此，"中坚农民"一般不会盲目地扩大再生产。正因如此，他们的种植规模比较适中，风险很小，抗击风险的能力较强。

专业种植户一般是40岁左右的人。这些人投身农业，带有经营创业的意识。不少人以为种菜很赚钱，将过去积累的资金投入到农业，规模超过50亩。

与农业公司相比，50亩的规模也适合家庭经营管理，问题在于，这一规模的管理精细程度比不过"中坚农民"。并且，专业种植户一般走正规的土地流转程序，需要支付较高的租金，他们的成本高于"中坚农民"。专业种植户一般属于农民中的上层，拥有经营头脑。他们不满足只赚取辛苦钱，还希望通过种地来发财致富。为了赚更多的钱，他们需要承担更高的风险。

在个人经济实力较强、具备农业经验，且头脑清醒而不至于犯决策性错误的情况下，专业种植户比较有生命力。

2019年12月

农业产业结构调整

一直以来,在减少贫困人口方面,理论界一直倡导从"输血"走向"造血"的转变。地方政府在开展扶贫工作时,将推动特色产业发展作为一种重要行动手段。国务院发布的《中国的减贫行动与人权进步》白皮书显示,仅在"十二五"期间,政府累计向连片特困地区投入农业基本建设资金和财政专项资金1220亿元,安排林业基本建设资金和财政专项资金1160多亿元。倡导产业扶贫者坚信"授人以鱼不如授人以渔",试图通过特色产业发展让困难农民不仅脱离贫困,而且还能够致富。

鄂西属于国家划定的武陵山连片贫困地区,山高沟深、地广人稀,交通条件相对不便。过去几年中,笔者曾两次到该地区调研,所调查的几个乡镇都享受过财政资金投入的产业扶贫政策。

过去的二三十年中,在政府引导与政策扶持下,当地农民经历过好几轮产业结构调整,包括种植茶叶、发展核桃种植、种植药材、发展蔬菜柑橘种植等。通常5年左右为一个结构调整周期,前一次是林业部门向农民免费发放种苗,号召农民种植某种果树,下一次可能就是农业局向乡村干部下达新作物种植面积的要求。从调查的情况来看,绝大部分乡镇都是来回折腾几次，最终农民砍掉半死不活的种苗，又回到种植传统稻麦玉米等作物上。

当然也有少部分乡镇村庄成功，比如毗邻三峡大坝的秭归县的几个乡镇，就成功发展了柑橘种植产业，最近几年秭归脐橙逐渐在全国市场中获得名声。

地方扶持的特色产业发展并不总是成功的。比如河南省的很多地方政府曾在20世纪90年代学习山东寿光发展蔬菜种植。当时农业税费负担重，地方政府下达任务要求农民种植经济作物，目的是让农民致富，然后政府才容易收税。

前几年，我们到河南调查，一些农村干部回忆当年整个乡镇发展韭菜种植业的情况。几万亩耕地上统统种植韭菜，通过行政命令将任务下达到每家每户，甚至乡镇领导干部也要带头包几亩地种韭菜，以起表率示范的作用。结果到了收获季节，韭菜没有销路，有的农民开着拖拉机将韭菜拖到乡政府大院，与政府发生激烈冲突。

当前部分地方政府热衷的产业扶贫政策，与之前要求农民种韭菜的行为，在性质上很相似，都属于行政推动产业结构调整。不同之处在于，前者有专项资金扶持，农民通常不需要支付种苗成本。一些农民抱着试试看的态度，将政府免费发放的种苗领回家种植，但是结果却与种韭菜相似，基本以失败告终。我们在鄂西看到的农民将前几年政府引导种植的果树砍掉当柴烧的情况，便是一例。

农业产业扶贫较难成功，有两方面原因。一是受到自然条件限制，二是受到市场规律影响。

先说自然条件。比如,湖北秭归的很多乡镇都推行过柑橘种植,但最终只有几个乡镇和村庄成功。我们调查的某个村庄被称为"秭归脐橙第一村",这个村有四五千亩荒山,过去几乎是不毛之地,但种出的脐橙品质较高。这个村的农民最近四五年迅速致富,有几个村民组几乎家家户户都购买了小轿车。不过,这个"秭归脐橙第一村",也只有一部分小组恰好地处海拔300~600米之间,因自然条件适合种植脐橙而致富。其他一些海拔超过700米的高寒村,种植的脐橙口感不好且容易受冻害,这些地区的很多农户依然贫困。

很多地方往往在全区域推广某个产业政策,殊不知只有在特定自然条件下才能产出高品质的特色产品,"南橘北枳"的道理不可违。地方政府执行上级政策,推动产业结构调整,往往是试一试,但是对于农民却是折腾。上述那个村的农民运气好,村庄自然条件碰巧适合种植柑橘,因此才敢号称自己是"第一村"。但不是所有的村都有这样的幸运。

比自然条件更加关键的因素在于,产业结构调整还要受到市场规律支配。

最近几年秭归脐橙的市场名气越来越大,一个重要原因是之前比秭归脐橙名气更大的赣南脐橙产量大幅降低。赣南脐橙比秭归脐橙发展得更早,品质也不差,不幸的是近年来很多南方柑橘种植地区大规模爆发黄龙病。黄龙病被称为"柑橘类的癌症",一旦果树感染,就无法根治,并且会区域性爆发。从一棵树到一片果园,再到一个地区,黄龙病传播的速度很快。

前几年,我们到广东清远地区调查,当地一个乡镇曾经盛产砂糖橘，2014年开始流行黄龙病，不过两三年时间，一半以上的果园绝收。因为产量大幅减少，砂糖橘的价格大幅上涨，一些果树暂时还没有感染黄龙病的农户，一年的收入几十万元，让我们这些外来调查者大为惊叹。当地一个村支书对此倒是看得很透，他说："要是没有黄龙病，砂糖橘就卖不出高价钱，你也就看不到赚钱的情况。"

这个道理用来解释农业产业结构调整不易成功，很是贴切。农产品价格受市场供求影响，供给少，价格自然上涨，种植这种产品的农民就可以赚钱。我们调查发现，秭归农民种植脐橙也只是最近四五年才开始收益变好，其原因是当地脐橙填补了赣南脐橙供给不足的市场空缺。问题是，原来种植赣南脐橙的农民已经开始带着技术到福建、广东等地包地包山种植脐橙，未来赣南农民种植的脐橙又有可能重新大规模上市。

在市场经济下，价格自然会引导供给规模。由于看到种植脐橙很赚钱，近几年开始，秭归本地农民不需要政府推动，自主大力扩大规模。秭归农民会这么做，其他地方的农民也会这么做，一些地方政府甚至会将发展脐橙产业当作扶贫项目来做。

可以预计，随着脐橙种植规模扩大，未来种植脐橙可能就不会那么赚钱。当然，除非只有秭归才适合种植脐橙，或者只有秭归的脐橙才口感好，否则供给扩大会降低产品价格，秭归农民也不能继续赚大钱。

更根本的道理在于，尽管种植特殊农产品需要一定的技术，但是农业的技术门槛总体而言并不是太高。每个农民都有土地，一旦某个农产品具有超额收益，在技术、资金和制度门槛都不是很高的情况下，其他农民都可以学习种植，还会有地方政府号召、帮助甚至强制农民种植。过不了多久，这个农产品所具有的超额收益就会随着市场供需均衡而消失。之前个别人种植赚钱，人人种植后反而都不赚钱。

此前，我们到湖北某个农场调查，当地一些人种植多年南瓜后总结出一个"铁规律"：必定是一年赚，一年不赚。南瓜种植周期为一年，前一年价格好，家家户户扩大规模，下一年必然是南瓜烂到地里都没有人收购。有人要想打破这个铁律，除非他特别聪明，具有"反周期"眼光，要么就是指望别的地方总是发生灾害唯独本地年年风调雨顺。然而，这又怎么可能？

在市场经济中欲获得超额收益，必然要具有一些垄断条件。农产品的种植门槛不高，这种垄断条件很难获得。因此就不可能发生唯独你可以种植，别人不能种植，或者唯独你种植才能卖出好价钱，而别人都卖不出好价钱的好事情。

我们在武汉郊区农村调查发现，当地农民种植蔬菜，无论种什么品种，或者怎么种植，夫妻两口子劳动收益最终都与外出务工基本持平，或者略高一点。其原因在于，假若种植蔬菜比外出务工的收入高很多，则会吸引更多的农民返乡发展蔬菜种植，蔬菜价格随着供给规模扩大而降低，种蔬菜就变得不赚钱。

总体而言，种植农产品并不具有保障其获得超额收益的垄断条件，因此不可能让农民通过发展特色农产品致富。当前，国家所认定的集中连片贫困地区通常自然条件不好，我们不能指望这些自然条件不好、交通不便的地区，都发展出那些自然条件好且交通便利的地区都无法发展到的农业水平。除非这个贫困地区运气好，受到大自然眷顾，能够生长出别的地方都无法生长出的特殊产品。但是这么幸运的地区即使有，也只是极少数。正因为如此，通过农业产业结构调整进行的帮扶，成功的案例比较少。

2016年10月

农业投资中的陷阱

一

阿光45岁。中学毕业之后到上海打工,干过多个行业,从摆摊卖菜到与人合伙经营生鲜店。如今他在外有多个门店,每年收入上百万元。

2014年阿光回老家流转来了500多亩土地,直至第二轮承包到期。他最先发展草莓种植,投资200多万元建了100亩的钢架大棚。2017年阿光又发展了80亩的稻田蛙养殖,2019年在剩下的几百户亩水田中发展稻虾共养。

当初阿光流转土地的目的是为了搞草莓种植基地。试种一年后发现了两个问题,一是工人难请,二是种草莓的效益没有想象中好。之后他便没有再扩大草莓种植面积。

草莓种植属于劳动密集型产业,每个工人最多可管理5亩地。阿光种植的奶油草莓理论上亩产可达3000斤,平均价格为15元,亩产值有4.5万元。这些草莓大部分直接送到当地的超市和水果店,批发的很少。他拥有生鲜经销经验,不走批发渠道,销售价格会高一些。除掉每亩人工成本1万元、农资成本1万元,理论上每亩收益不低于2万元。

阿光的基地上聘请长年女工14名，每月工资3100元，全勤奖200元。女工主要负责草莓种植、管理和采摘。长年男工有6名，负责打药施肥等体力较重的劳动，工资是每月3800元。队长1名，工资是每月5000元。另外还有食堂、看场、出纳、送货、带班会计和仓库管理人员各1人，共6名。每年支付给这些工人的工资超过100万元。

草莓每亩收益超过2万元只是理论上的，自然风险和市场波动会影响草莓的产值。如2017年出现连续两个月的阴雨天气，造成草莓产量很低，当年亏本。最近两年没有连续的阴雨天气，却出现了大面积死苗的问题。

草莓效益不好，阿光便从2017年开始发展青蛙养殖。第一年改造田块每亩投资5000元。据他介绍，每亩产量可达3500斤，销售价格为每斤10～20元，每亩收益不低于2万元。这也是理论上的。实际上，2018年和2019年，阿光在青蛙养殖上亏了160万元。2020年的青蛙还未销售，但他估计最少亏20万～30万元。阿光的青蛙基地聘请了8个工人，工作期半年。

2019年，阿光发展了400亩的稻虾养殖，但这几年小龙虾的总体市场行情也不太好。

阿光算了一笔总账，自2014年以来，他在这500多亩的基地上投入超过800万元，收益却远远达不到这么多。总体上，阿光过去几年是亏损的。

二

草莓、青蛙和小龙虾都属于特色种养业，与水稻种植不同。规模化特色种养的投资较大，普通农民投不起，一般依靠社会资本投入。我们在各地调查发现，工商资本投入种植养殖（养猪、养鸡等除外），成功的很少。前几年，中部某市政府投资数亿元打造7万亩的蔬菜种植基地，鼓励工商资本进入，每亩大棚补贴超过1万元，有不少企业下乡投资。几年过去后，转包一批，跑路一批，真正经营成功的剩下不多。类似的情况在很多地方都存在。

调查时看到，一些人在城市搞房地产或是做工程赚到一笔钱后，便下乡投资农业，最后却是落荒而逃。"开着奔驰来，骑着自行车走"的情况不在少数，让人感到惋惜。

阿光投资农业没有赚到钱，不过他的情况并不算最坏。其一，阿光投资的规模不大，并且他在果蔬销售方面有经验，他的草莓基地基本可以保本；其二，阿光个人的经济实力还比较强，在城市有几个门店经营维持盈利，能够承受农业基地的亏损，暂时不会出现资金断流。

我们调查时看到，一些人之前从没有从事过农业生产经营，不懂行情，也没有销售渠道，贸然转行，将农业当作主业，投入全部身家，起步规模大。这样做投资，若是在农业外没有其他产业支持，甚至搞抵押贷款、加杠杆，一旦碰到自然灾害或是市场行情不好，资金链很容易断掉。对于阿光来说，农业是副业，他还能挺得住，行情好赚一点，行情不好亏一些，不至于伤筋动骨。

三

农业投资的风险存在以下几方面。

一是很多人想象农业很赚钱。阿光返乡包地，可能是经营生鲜超市时发现草莓售价很高，由此推算种植环节的利润很大。实际上，在高度市场竞争的条件下，农产品每个环节的利润基本上是固定而平均的。卖生鲜与种草莓分工不同，各赚各的钱，跨界经营不易成功。

二是农业不存在超额利润。农业技术门槛不高，投资门槛也不高，新品种、新技术在初期或许能带来短暂的超额利润，但是农业方面的技术创新和品种更新很容易被其他人学习，利润很快就会被种养规模扩大和供给增加所稀释。由于市场容量是有限的，经营主体一般很难长期获得超额利润。

三是水果蔬菜种植和一些特色养殖具有劳动密集的特点，企业雇工经营不易管理，竞争不过夫妻家庭农场与小农户。企业投资劳动密集型的种养，容易被农户挤垮。

四是为了获得补贴，企业容易盲目投资。目前，一些地方政府为了吸引社会资本兴建农业项目，投入大量的农业产业补贴，一般是企业投资一部分，政府补贴一部分。一些经营者为了获得补贴，于是扩大经营规模和经营领域，并投资新项目。企业得到了政府补贴，但是新项目却不一定赚钱，长此以往终将导致亏损。

五是农业投资很难保值和变现。首先，发展特色种养业投入较高，比如农田平整、基础设施配套、大棚建设等等，投入的设施折旧很快，并且保值率很低，也不易转手。其次，农业设施的通用性较差，很多人投资后，如果不继续经营，需要将土地还原，原来的投资就变成一堆废弃物，基本变现不了。

六是融资问题。农业企业融资较难，一些地方推行土地权利抵押，政府支持工商资本向农民流转土地，然后拿着土地流转合同抵押贷款。企业从农户流转土地，租金往往是一年一付，没有支付租金的土地流转属于"债务"。企业拿着"债务"去抵押，银行怎么可能要？企业要减轻资金压力，没有企业会一次性向农民支付10年、20年的土地流转费，然后再拿着土地经营权去抵押的。一些地方搞的土地经营权抵押本质是政策性贷款。

由于农业经营不容易赚钱，土地流转后又不容易转手，一些工商企业投资的农业基地就变成了"鸡肋"。一些人投入大量资金后，看着几百万元资产无法变现，十分不甘，只好继续扩大投资，将自己在城市的房屋一套一套卖掉来给农业输血，如果不能找到持续盈利点，最后会熬到无法兑付租金的地步。

农业有规律，市场也有规律，发展农业需要尊重规律，政策上要做出正确的引导，减少悲剧的发生。

2021年1月

后　记

我所在的研究团队曾提出一个口号，"田野的灵感、野性的思维、直白的文风"。过去10多年，我一直在做农村调研，在田野现场很容易感受时代的变化。而这些我在农村调查后写下的随笔评论，是呈现时代变化的一种简便方式。

我时常想起2007年7月第一次下乡调研的情形，地点是河南省汝南县的一个村庄，贺雪峰教授带队，几个人住在村委会的一大间办公室里。之后我又到过全国近百个不同的村庄调查，大部分时候吃住在农户家中。第一次调查下乡距今不过14年，然而，乡村很多变化却仿佛过了一个世纪。我们正生活在巨变的时代中。

我常常感叹说，当下生活的每个"今天"都是在创造"历史"，每天的太阳都是新的。我们的社会每天都在发生不可思议的变化，而在这个时代中，"身体"构成历史和时间的尺度。

我是"80后"。大概在1992年，我老家村庄才通电，1996年之后才修成可通行拖拉机的道路。我很清晰地记得，幼年时夜晚在煤油灯下生活的情形。我居然经历过没有电的时代，那时的星空好亮！很快，到我上大学时，手机迅速普及，再一眨眼,就到了智能手机和今天的4G、5G时代。今天跟学生们交流时,我常用一种"曾经沧海"的口气向他们"炫耀",自己有幸经历了煤油灯到电气化再到信息化的不同时代。在漫长的人类文明生活中,历史大概都是以千年计的,而今天则是以一年甚至一天来计算。

作为一名研究者,我们没有理由置身于时代之外。社会科学理论诞生于西方历史巨变时期,今天的中国正在经历这个阶段。研究者要以"理论化"的方式参与这个时代。第一步是深入观察时代变迁本身。我们从事乡村调研的目的,便是试图撕开一个观察时代的口子,找到一套锐利的剖析时代规律的理论视角。

与历史洪流的滚滚向前相比,调查研究时,我常常感觉到脚步滞缓和脑力不济,这鞭策着我们更要加快步伐走向田野,以轻盈的姿态来面对日新月异的时代。调查如此,写作、思考,更需如此。只有放下概念的包袱,调查时才能说走就走,写作时才能让笔尖源源不断地流淌出文字来。这些篇幅不大的随笔评论,大多是根据我调研笔记整理而成的,远谈不上成熟。如今将它们拿来结集出版,算是一次思考的清零。很多不成熟的想法,暂放下来,换其他角度再想,说不定某一天就通了。

这些随笔评论文字能成为读者捧在手中的书,离不开新民说团队的编辑们的辛苦付出,对此表示感谢。另外,书中的许多想法,是随研究团队的各位同志一起调查讨论获得的,我只不过是在自己的角度重新表述了一下,十分感谢他们,自然还有愿意接受访谈的农民和乡村干部。

2021年11月15日